Berthold Laufer (1874–1934)
(privat)

Berthold Laufer

Die Frühgeschichte des Filzes

Deutsch von Hartmut Walravens

BoD

ISBN 978-3-7568-2894-4

Bibliografische Information der Deutschen Nationalbibliothek:
Die Deutsche Nationalbibliothek verzeichnet diese Publikation in der Deutschen Nationalbibliografie; detaillierte bibliografische Daten sind im Internet über *dnb.dnb.de* abrufbar.

Herstellung und Verlag: BoD – Books on Demand, Norderstedt

Inhalt

Vorbemerkung

Wer sich für die Geschichte des Filzes interessiert, stößt schnell auf einen Aufsatz[1] von Berthold Laufer (1874–1934), der seit seinem Erscheinen vor fast hundert Jahren als Autorität auf diesem Gebiet gilt. Die Gründe sind vielfach: Laufer hat auf vier Expeditionen Ostasien bereist und ethnologische Sammlungen für Museen in New York und Chicago angelegt. Er war ein Orientalist mit ausgebreiteten Kenntnissen, einer der besten seiner Zeit; er war mit der kulturgeschichtlichen Literatur in vielen Sprachen vertraut. Auch das Textilfach war ihm nicht fremd – sein Vater führte ein Herrenoberbekleidungsgeschäft in Köln.

Der Herausgeber hat sich vielfach mit Laufer und seinen Werken beschäftigt; und daher sei statt einer kurzen Biographie lediglich ein Hinweis auf die Bibliographie gegeben, wo die neuere Literatur über diesen bedeutenden Wissenschaftler verzeichnet ist.

Die Illustrationen sind aus späteren Quellen hinzugefügt und waren teils Laufer nicht bekannt; so erwähnt er Pazyryk und Duguj Cachir nicht, und so finden etliche Bilder keine unmittelbare Korrelation im Text. Für die Illustrationen danke ich Christine Bell.

Das Thema Filz ist heute wieder aktuell – nicht nur im ethnologischen Kontext. So schien es an der Zeit, den Klassiker zum Thema wieder zugänglich zu machen.

---

1   Berthold Laufer: The early history of felt. *American Anthropologist* N.S. 32.1930, 1–18.

EINLEITUNG

Die Kunst, Filz durch Walzen, Schlagen und Pressen von Tierhaaren oder Wollflocken zu einer kompakten Masse von gleichmäßiger Konsistenz herzustellen, ist mit Sicherheit älter als die Kunst des Spinnens und Webens. Zeitlich gesehen folgten die Filzstoffe unmittelbar auf den Brauch, Tierhäute oder Pelze als Kleidungsstücke zu verwenden, oder entstanden zeitgleich mit ihm. Das Filzen wurde schon im Altertum sowohl in Asien als auch in Europa praktiziert, blieb aber auf diese beiden Kontinente beschränkt. Es ist bemerkenswert, dass es in Afrika immer gefehlt hat. Selbst im alten Ägypten, wo Schafe gezüchtet und ihre Wolle zu Stoffen gewebt wurde, war Filz unbekannt. Auch bei den amerikanischen Ureinwohnern gab es ihn nicht. Die alten Peruaner, obwohl sie Lama und Alpaka domestiziert hatten, kannten den Begriff Filz nicht.

Wolle schlagen in Kirgistan
(Foto privat)

Es gibt alte Aufzeichnungen, die in der chinesischen, griechischen und lateinischen Literatur Hinweise auf Filz geben. Wir dürfen jedoch nicht annehmen, dass die Chinesen, Griechen und Römer aus diesem Grund die ersten Völker waren, die Filz verwendet haben. Die Griechen lebten in der Nähe der umherziehenden Skythen Südrusslands; und die weiten Steppen, die sich östlich des Ural und des Kaspischen Meeres über Russisch- und

Chinesisch-Turkestan bis nach Südsibirien und in die Mongolei erstrecken, waren seit frühester Zeit der Tummelplatz ständig wandernder Stämme iranischer, türkischer, mongolischer und tungusischer Nationalitäten, ruhelos wie die Wellen der Ozeane. Diese nomadischen Stämme lebten vom Reichtum ihrer Herden, die aus Rindern, Kamelen, Schafen, Ziegen und Pferden bestanden. Die Herstellung von Filz setzt natürlich das Vorhandensein von Wolle liefernden Haustieren wie Schafen, Ziegen und Kamelen voraus. Es stimmt zwar, dass Filz aus den Haaren von Wildtieren hergestellt werden kann und auch hergestellt wurde, aber das Angebot an solchen Haaren ist nicht groß genug, um diese Beschäftigung in großem Maßstab zu etablieren. Es liegt daher auf der Hand, dass nur Völker, die über einen großen Bestand an woll-tragenden Schaf- und Kamelherden verfügen, eine florierende Filzindustrie ins Leben rufen konnten. Dieser Grund allein würde jedoch kaum ausreichen, um die Erfindung des Filzes der nomadischen Bevölkerung Asiens zuzuschreiben und sie für die Chinesen und Griechen abzulehnen; die beiden letztgenannten Völker hatten ebenfalls domestizierte Schafe, und die Griechen verarbeiteten Schafwolle zu Kleidungsstücken. Die alten Chinesen hatten zwar Schafe, nutzten deren Wolle aber nie für Kleidung. Sowohl die Chinesen als auch die Griechen und die Römer verstanden sich auf die Herstellung von Filz, und die Chinesen stellen ihn auch heute noch her, aber die Herstellung dieses Artikels hatte bei ihnen nur eine geringe Bedeutung. Eliminiert man den Filz aus der chinesischen, griechischen und römischen Zivilisation, so bleiben sie, was sie sind, und werden nicht im Geringsten von diesem Minus beeinflusst. Eliminiert man das gleiche Element aus dem Leben der nomadischen Völker, so würden sie aufhören zu existieren, sie wären nie zustande gekommen. Bei diesen Völkern ist der Filz eine grundlegende Kultur, ein absolut wesentliches Merkmal und eine Notwendigkeit des Lebens, während er bei den hoch-zivilisierten Völkern wie den Chinesen, Indern, Griechen und Römern eine Nebensache, ein Zwischenfall, ein Element von gelegentlicher und geringer Bedeutung ist.

Die Verwendung von Filz hat also ihre größte Intensität und ihren Höhe-punkt bei den nomadischen Stämmen Asiens erreicht, und dies ist der Hauptgrund, warum wir gezwungen sind, die Erfindung des Filzes, sowohl die Initiative als auch die Vervollkommnung des Verfahrens, den asiatischen Nomaden zuzuschreiben. Das bedeutet natürlich, dass die Chinesen, die Inder und die Griechen die Kunst von den letzteren gelernt haben, während die Römer Stoff und Wort von ihren Meistern, den Griechen, übernommen haben. Ein weiterer interessanter Unterschied besteht darin, dass Filz für die zivilisierten Völker einfach ein Gebrauchsgegenstand war, den sie übernahmen, weil er nützlich und praktisch war, während er bei den Nomaden mit religiösen und zeremoniellen Praktiken verbunden war. Er war ein fester Bestandteil ihres Lebens, untrennbar mit ihren inneren Gedanken verbunden. Welcher der vielen hundert Stämme Innerasiens der ursprüngliche Erfinder des Filzes war, lässt sich beim gegenwärtigen Stand unseres Wissens nicht herausfinden. Die

Anfänge der Kunst sind in der Dämmerung der menschlichen Zivilisation verloren gegangen. Weder die alten skythischen noch die alten türkischen Stämme besaßen ein Schriftsystem, so dass keine Aufzeichnungen über ihre früheste Geschichte in ihren eigenen Sprachen erhalten sind; alles, was wir über sie wissen, verdanken wir den Aufzeichnungen der Chinesen und Griechen.

Behandlung des Wollvlieses mit warmer Seifenlauge
https://ifpnews.com/in-iran-felt-making-has-roots-in-history/

Die Archäologie kommt uns in gewissem Maße zu Hilfe, denn in Zentralasien wurden einige alte Filzreste entdeckt. Darüber hinaus ist die alte Lebensweise der türkischen, mongolischen und tibetischen Stämme noch in vollem Umfang erhalten: Sie stellen noch immer Filz her, wie es ihre Vorfahren vor Tausenden von Jahren taten, und sie verwenden ihn noch immer für genau dieselben Zwecke. Durch die Kombination historischer, ethnologischer und archäologischer Methoden lässt sich die frühe Geschichte des Filzes mit ziemlicher Genauigkeit und Vollständigkeit rekonstruieren.

Das letzte Stadium des Filzens: Walken
(Foto privat)

Im Lichte der vorangegangenen Ausführungen wird deutlich, dass der europäischen Legende, nach der die Erfindung des Filzes dem heiligen Clemens zugeschrieben wird, der auf einer Pilgerreise kardierte Wolle in seine Schuhe steckte, um seine Füße zu schützen, und diese Wolle durch den ständigen Druck und die Feuchtigkeit in Filz verwandelte, kein Glauben geschenkt werden kann.

Kein chinesischer oder griechischer Autor hat Einzelheiten des frühen Filzverfahrens überliefert, aber es besteht kein Zweifel, dass das antike Verfahren im Prinzip mit dem heutigen in Asien identisch war. Dieses primitive Verfahren ist praktisch überall dasselbe. Als Hauptinstrument wird eine große Matte verwendet. Auf dieser Matte wird die Wolle Schicht für Schicht ausgebreitet, bis die gewünschte Dicke erreicht ist, wobei die Wolle für die oberen Schichten im Allgemeinen von besserer Qualität oder feinerer Beschaffenheit ist als die Wolle für die inneren und unteren Schichten. Als Schlichte dient in Wasser gemischtes Fett oder Öl. Die Matte wird unter festem Druck mit den Füßen aufgerollt (manche Leute benutzen dabei die Rückseite des Unterarms), dann wird sie abgerollt und vom gegenüberliegenden Ende aus erneut aufgerollt. Diese Manipulation des Vor- und Zurückrollens nimmt eine beträchtliche Zeit in Anspruch; das Drehen wird vier oder fünf Stunden lang fortgesetzt, bis die Fasern fest und eng miteinander verflochten sind. Der Filz wird nun aufgenommen, mit Wasser und Seife gewaschen, getrocknet, erneut auf die Matte gespannt und in der Sonne getrocknet. In Indien und

Turkestan werden farbige Büschel aus Filz oder Wolle darauf angeordnet, und das Ganze wird dann erneut mehrere Stunden lang gewalzt, bis das Material fertig und gebrauchsfähig ist. In Indien werden die feineren Filzsorten mit einem Mähmesser geschnitten, was das Aussehen stark verbessert und die Farben deutlicher hervortreten lässt.

FILZ IN CHINA

In den frühesten Dokumenten der Chinesen, dem Buch der Lieder (*Shijing* 詩經) und dem Buch der Geschichte (*Shujing* 書經), wird Filz nicht erwähnt. Er taucht in chinesischen Aufzeichnungen gegen Ende der Zhou-Dynastie (viertes bis drittes Jahrhundert v. Chr.) auf, und Filzteppiche scheinen zu dieser Zeit als Matratzen zum Schlafen verwendet worden zu sein. Zunächst ist es unwahrscheinlich, dass die Chinesen als Erfinder des Filzes angesehen werden können. Sie züchteten zwar Schafe, nutzten deren Wolle aber nie für Stoffe. Hanf und andere Faserpflanzen sowie Seide lieferten das Material für Kleidung. Wollstoffe waren der chinesischen Zivilisation immer fremd. Es gab keine Viehzucht im großen Stil, und der Konsum von Milch und anderen Milchprodukten war unbekannt. Die Chinesen waren (und sind) im Wesentlichen ein Volk von Landwirten. Schon früh stand der Norden Chinas in engem Kontakt mit Zentral- und Nordasien, wo es von einer riesigen Hirtenbevölkerung wimmelte, die größtenteils türkischer und tungusischer Nationalität war. Diese rastlosen Horden strömten unaufhörlich über die chinesischen Grenzen und plünderten die Dörfer der Bauern. Die gefürchtetsten dieser räuberischen Feinde waren die Xiongnu 匈奴, wie sie in den chinesischen Annalen genannt werden, die mit den Hunnen identifiziert wurden. Seit etwa 1400 v. Chr. waren die Chinesen ständig mit ihnen in einen Kampf auf Leben und Tod verwickelt. Die chinesischen Armeen waren anfangs meist die Verlierer, da sie ihre Infanterie der mobilen Kavallerie und den berittenen Bogenschützen ihrer Feinde entgegenstellten. Die Xiongnu, ein türkischer Stamm, lebten von Rindern, ernährten sich von Fleisch und Milch und benutzten Leder, das sie aus den Häuten ihrer Haustiere gewonnen hatten, als Kleidung und Rüstung; zusätzlich zur Lederkleidung trugen sie Mäntel oder Überzieher aus Filz und lebten in Zelten, die mit demselben Material bedeckt waren. Es ist sehr wahrscheinlich, dass die Chinesen ihre erste Bekanntschaft mit Filz während ihres langen militärischen und diplomatischen Verkehrs mit den Xiongnu machten, der viele Jahrhunderte andauerte. Im Jahr 307 v. Chr. übernahm Wuling 趙武靈王, König des Fürstentums Zhao, die Kleidung und die Taktik des Bogenschießens zu Pferd von den Nomadenstämmen. Die chinesische Kleidung war weit, locker und fließend und stellte ein ernsthaftes Hindernis beim Reiten und Schießen dar, während die Kleidung der Nomaden eng anlag und mit hohen Stiefeln ausgestattet war. Es besteht kein Zweifel daran, dass die Chinesen anlässlich dieser Reformbewegung in der Kleidung auch

Gegenstände aus Filz und vielleicht die Herstellung von Filz selbst übernahmen. Das von den Nomaden bewohnte Land ist ihnen unter dem Namen „das Land des Filzes" bekannt.

Unter der Han-Dynastie (201 v. Chr.– 220 n. Chr.) war Filz in China weit verbreitet und wurde in Form von Matten verwendet. Der Kaiser Wen (179–152 v. Chr.) dieser Dynastie trug auf seinen Jagdausflügen einen Filzhut. Der Filz der Nomaden wird von dem Philosophen Huainanzi 淮南子 erwähnt, der im zweiten Jahrhundert v. Chr. lebte; seine Aussage deutet darauf hin, dass Filz zu seiner Zeit südlich des Yangzi-Gebietes noch unbekannt war.

Am Ende des dritten Jahrhunderts n. Chr. wurde die Verwendung von Filz immer noch als etwas Fremdes und Barbarisches angesehen, denn es ist überliefert, dass in der Periode Taikang (280–290 n. Chr.), als Stirnbänder und Gürtel aus Filz als neue Mode eingeführt wurden, das Volk diesen Brauch verspottete und sagte: „China ist offenbar von den Nomaden (Hu) erobert worden, denn Filz ist ein Produkt der Nomaden, und jetzt übernehmen wir mit Filzkragen und Gürteln deren Stil."

Im Jahr 532 n. Chr. wurde Yuan Xiu 元修 als zehnter Kaiser der Nördlichen Wei-Dynastie von Gao Huan 高歡 auf den Thron gesetzt, der ihm vierhundert Reiter entgegenschickte. Der künftige Kaiser begab sich in ein Filzzelt, um die kaiserlichen Insignien anzulegen. Dann wurde er zum Osttor des Palastes eskortiert, und nach einem alten Brauch der Toba 拓拔, einem der nördlichen Nomadenstämme, aus denen die Wei-Dynastie hervorging, wurde er von sieben Männern auf ein Stück schwarzen Filzes gehoben; während er darauf saß, verneigte er sich in Richtung Westen und flehte den Himmel an. Dies war ein alter Brauch der Nomaden Zentralasiens, und wir werden ihn bei den Türken und Mongolen wiederfinden.

Ein gewisser Liu Lingchu, der im fünften Jahrhundert n. Chr. lebte, soll zu magischen Zwecken menschliche Figuren aus Filz geschnitten haben. Diese Idee wurde zweifellos von den Nomaden übernommen, denn es war ein alter türkischer und mongolischer Brauch, über den weiter unten noch mehr gesagt wird, religiöse Bilder aus Filz zu formen und sie in Lederhüllen aufzubewahren.

Ein Filzhut wird im *Canluanlu* 驂鸞錄 erwähnt, einem Tagebuch, das Fan Chengda 范成大 während seiner Reise von der Hauptstadt nach Guilin in Guangxi anlässlich seiner Ernennung zu dieser Präfektur im Jahr 1172 n. Chr. führte.

Nicht nur im Norden, sondern auch im Westen und Südwesten waren die Chinesen von Filz nutzenden Völkern umgeben. Das riesige Gebiet, das heute von den Provinzen Sichuan und Yunnan eingenommen wird, war vor der Ankunft der Chinesen von vielen verschiedenen Urvölkern bevölkert, die zum Teil mit den Tibetern, zum Teil mit den Siamesen (Thai-Familie) und zum Teil mit unabhängigen Stämmen verwandt waren. Letztere drangen im Laufe mehrerer Jahrhunderte in diese Regionen ein, unterwarfen die sehr kriegerischen Ureinwohner und kolonisierten das Land. Viele der Stämme wurden ausgelöscht, andere wurden in die unwirtlichen Hochgebirge zurückgedrängt, wieder andere wanderten nach Siam und Birma ab, wieder andere haben bis heute überlebt. Die früheste Erwähnung von Filz in diesem Gebiet findet sich in den Annalen der Han-Dynastie in Bezug auf einen in Sichuan lebenden Stamm, die Ranmang 冉駹, die im Wesentlichen Schafzüchter waren und Filz sowie verschiedene Arten von Wollstoffen herstellten; der chinesische Annalist hält als bemerkenswerte Tatsache fest, dass sie die Kunst der Behandlung von Schafskrankheiten verstanden.

Die heutige Provinz Yunnan war früher von dem mächtigen Königreich Nanzhao 南詔 besetzt, aus dem später die heutigen Siamesen hervorgingen. Die Männer der Nanzhao-Stämme von Yunnan trugen im neunten Jahrhundert einteilige Decken aus Filz (nach dem *Manshu* 蠻書, geschrieben von Fan Chuo 樊綽 um 860 n. Chr.). Derselbe Autor berichtet von der merkwürdigen Tatsache, dass viele Männer im Land Piao weißen Filz trugen. Nun lag Piao 75 Tagesreisen südlich von Yongchang in Yunnan und entspricht Pyû, dem Namen des prominenten Stammes in Prome, der alten Hauptstadt von Birma. Ob Filz zu dieser Zeit in Birma hergestellt wurde, ist nicht bekannt; es scheint wahrscheinlicher, dass er aus Yunnan dorthin importiert wurde.

Ein wichtiges Dokument zum Thema Filz ist im *Lingwai daida* 嶺外代答 enthalten, das von Zhou Qufei 周去非 im Jahr 1148 n. Chr. verfasst wurde (Kap. 6, S. 12). Dieses Werk enthält eine geografische Beschreibung der beiden südlichen Provinzen Guangdong und Guangxi sowie viele wertvolle Notizen über die Ethnografie der einheimischen Bevölkerung, ihre Bräuche, Erzeugnisse und Handarbeiten. Der Autor hebt den Reichtum an Schafen im Land der südwestlichen Man, wie sie von den Chinesen genannt werden, hervor und sagt, dass sie Filz und Wollstoff in großer Menge herstellen.

Von den Häuptlingen bis hinunter zum einfachen Mann gibt es niemanden, der sich nicht ein Stück Filz über die Schultern wirft. Der einzige Unterschied zwischen den beiden Klassen besteht darin, dass die Häuptlinge ein besticktes Hemd auf der Haut tragen und den Filz darüber ziehen, während das einfache Volk den Filz direkt über der Haut trägt. Der Filz im Norden Chinas ist dick und fest; im Süden werden Filzstücke mit einer Länge von über dreißig Fuß und einer Breite von sechzehn bis siebzehn Fuß hergestellt. Diese werden in deren vollen Länge umgeschlagen und die beiden Enden zusammengesteppt, so dass sie acht bis neun Fuß breit sind. [Die Man] nehmen ein Stück Filz längs, wickeln es um ihren Körper und befestigen es mit einem Gürtel um ihre Lenden. Die Frauen folgen der gleichen Praxis. Tagsüber sind sie so eingewickelt; nachts schlafen sie in ihren Filzdecken; ob es regnet oder die Sonne scheint, ob es kalt oder warm ist, diese werden nie von ihrem Körper getrennt. Im oberen Teil sind diese Decken mit Mustern wie Walnüsse verziert. Diejenigen, die lang und breit und dennoch leicht sind, werden am meisten geschätzt, und die im Land von Dali 大理 (in Yunnan) hergestellten gelten als die besten.

Was dieser chinesische Autor vor etwa achthundert Jahren feststellte, gilt auch heute noch für die Mehrzahl der Eingeborenenstämme in Yunnan und Südchina. Die meisten von ihnen, vor allem die Lolo [heute Yi 彝 genannt] und Moso 摩梭, tragen noch immer eine Decke oder eine Art ärmellosen Mantel aus einem einzigen Stück weißen Filzes als Schutz gegen Kälte und Regen, sowohl im Winter als auch im Sommer. Viele Autoren berichten mit Erstaunen, dass sie sich selbst bei großer Hitze nie von dieser Kleidung trennen.

Im Jahr 1863 schrieb S. Wells Williams (*The Chinese Commercial Guide*, 5. Aufl. Hongkong 1863, S. 119),

> Filzmützen werden von den Armen im ganzen Land getragen. Es gibt sie in verschiedenen Formen und mit unterschiedlichem Feinheitsgrad; einige sind hohl, so dass sie, wenn man sie herauszieht, einem Doppelkegel ähneln. Die Filzabfälle werden bei der Herstellung von grobem Wollstoff, Mützen, Schuhsohlen und Leggings gesammelt, um sie einzukochen und neu zu filzen.

Filz wird in China immer noch zu Mützen, Regenhüten, Mänteln, Strümpfen, Schuhen, Schuhsohlen, Tischdecken, Teppichen und Reisetaschen verarbeitet. In Suzhou ist die Industrie noch sehr lebendig. Jungen lieben Filzmützen, besonders wenn sie mit farbiger Seide besetzt und mit Ohrenschützern aus Fell versehen sind. Die Fischer am Großen See (Taihu 太湖) tragen große, breitkrempige Filzhüte, die entweder schlicht oder mit schwarzem Satin verziert sind (von mir gesammelte Exemplare im Field Museum, Chicago).

Die Methode der Chinesen zur Herstellung von Filz ist dieselbe wie die der Tibeter, Mongolen und Türken, mit einer einzigen Ausnahme: Als erstes wird die Wolle mit einem großen Bogen gelockert, indem man die Sehne spannt und in schneller Bewegung ruckartig loslässt. Dieses Verfahren ist von dem der Baumwollverarbeitung abgeleitet, und der Bogen ist in beiden Fällen identisch. Die Wollschichten werden auf einer Bambusmatte aufgeschichtet und sorgfältig mit Wasser aus dem Mund befeuchtet, so wie unsere chinesischen Wäscher Leinen befeuchten. Dann wird die Wolle auf der Matte aufgerollt, hin und her gerollt und mit den Füßen gepresst.

FILZ IN TIBET
Laut den chinesischen Annalen der Tang-Dynastie (618–906 n. Chr.) waren in alten Zeiten Filz und Leder das übliche Material für die Kleidung der Tibeter. Filz wurde in Tibet auch für Teller[2] verwendet. Sogar die tibetischen Könige trugen Gewänder aus Filz; als Srong-btsan sgam-po, der erste in der Geschichte bekannte König Tibets, im Jahr 641 n. Chr. eine chinesische

---

2   [Im Original steht: *plate*, „Platte, Teller, flache Schale". Diese Feststellung, die etwas ungewöhnlich erscheint, stützt sich auf *Jiu Tangshu* [die Annalen der Tang-Dynastie], Kap. 196a Turfan 卷一百九十六上 吐蕃上: 接手飲酒，以氊為盤，捻鋌為碗，實以羹酪，並而食之. Allerdings kann *pan* (im chinesischen Text) auch eine Schale oder Schüssel bedeuten. Übers.]

Prinzessin heiratete, nahm er, um seiner kultivierten Gemahlin zu gefallen, die kultivierten Sitten und Gebräuche Chinas an und legte seine Gewänder aus Filz und Fell ab, die chinesischer Seide und Brokat weichen mussten. Die chinesischen Annalen informieren uns auch darüber, dass die Männer von Rang in Tibet in großen Filzzelten lebten, die *fulu* 拂廬 (tibetisch *sbra* སྦྲ་) genannt wurden; diese Art von Zelten diente militärischen Zwecken, und es gab große Zelte, die mehrere hundert Männer aufnehmen konnten; sie bildeten ein Militärlager. Die Hirtenbevölkerung Osttibets lebte jedoch seit jeher in viereckigen Zelten, die mit einem schwarzen, dicht aus Yakhaar gewebten Tuch bedeckt waren. In dieser Hinsicht und in seiner viereckigen Form unterscheidet sich das tibetische Zelt von den mongolischen Rundfilzzelten und stellt einen eigenen Wohnungstyp dar. Dieses Zelt aus Yakhaar geht auf alte Zeiten zurück, denn es wird bereits im sechsten Jahrhundert in den Annalen der Sui-Dynastie unter Bezugnahme auf die Dangxiang 黨項 (Tangut) erwähnt, einen tibetischen Stamm, der in der Nähe des Kukunor lebt. Wie der chinesische Annalist hervorhebt, schätzte dasselbe Volk jedoch Filz in höchstem Maße und betrachtete ihn als feinsten Schmuck.

Tibetischer Filzhut. Lhasa, um 1905.
(British Museum As1905,0518.35)

In Zentraltibet tragen alle Männer, auch der Dalai Lama, einen Filzhut mit rot gefranstem, spitzem Oberteil; die Frauen tragen im Sommer einen roten Filzhut. Der von ihnen hergestellte Filz wird von einem chinesischen Autor des achtzehnten Jahrhunderts gelobt; er wird auch zu Stiefeln verarbeitet, fügt er hinzu. In der Tat tragen die Frauen in Tibet meist hohe Filzstiefel. Diese haben die gleiche Form wie die Lederstiefel, die von den Männern getragen werden, und reichen bis zu den Knien. Diese Filzstiefel sind mit farbigen Flecken besetzt, der untere Teil weiß, dann rot und grün. Wie die Lederstiefel sind sie mit Wollstoff gefüttert, während die Sohlen immer aus Leder sind. Der

tibetische Stiefel hat keinen Absatz. Die tibetischen Nomaden tragen hohe
kegelförmige Filzhüte mit einer großen, nach unten gerichteten Krempe.

Der interessanteste Filzgegenstand der Tibeter ist ein Poncho, der aus
einem langen rechteckigen Filzstreifen mit einem Loch in der Mitte besteht,
durch das man den Kopf stecken kann, und der bei Regenwetter auf dem
Pferderücken getragen wird. Die meisten Tibeter verbringen den ganzen Tag
im Sattel. Als ich mehr als ein Jahr lang in Tibet unterwegs war, trug ich immer
einen solchen Filzponcho bei mir und fand ihn ungemein nützlich; er war ein
vollkommen sicherer Schutz bei den heftigsten Regen- und Schneestürmen
und hüllte sowohl das Pferd als auch den Reiter vollständig ein. Ähnliche
Regenponchos werden in Kleinasien verwendet.

William Woodville Rockhill 1902
https://archive.org/stream/worldswork03gard#page/1576/mode/2up

W. W. Rockhill beschreibt die Herstellung von Filz in Tibet wie folgt:
Die Art der Herstellung ist äußerst einfach. Die Wolle wird, nachdem sie
ausgelesen wurde, eine Handvoll nach der anderen auf einem großen Stück
Filz auf dem Boden ausgebreitet, wobei jede Handvoll die vorhergehende
so überlappt, dass ein Stück von gleichmäßiger Dicke und gewünschter
Größe entsteht. Dieses wird fest und mit viel Klopfen der geschlossenen
Faust aufgerollt und dann abgerollt, und diese Arbeit wird eine Stunde oder
länger fortgesetzt; dann wird die Rolle in Wasser eingeweicht und die Arbeit

des Rollens, Abrollens, Knetens und Schlagens mit der geschlossenen Faust geht eine oder zwei weitere Stunden weiter. Mir wurde gesagt, dass ein Stück Filz mindestens 1.000 Mal geknetet werden muss, bevor es gebrauchsfertig ist. Nachdem die Rolle eine Weile getrocknet ist, wird sie geöffnet und durch leichtes Ziehen in verschiedene Richtungen wird die Oberfläche geglättet und die Ränder werden mit einem Messer abgeschnitten. Manchmal wird sie auch gebleicht. Alles in allem ist der tibetische und mongolische Filz dem chinesischen weit unterlegen.

FILZ IN INDIEN

Filz scheint in Indien schon im Altertum bekannt gewesen zu sein. Nearchos, der Alexander den Großen auf seiner Expedition nach Indien begleitete und als Admiral seiner Flotte 325 v. Chr. einen Seeweg zwischen Indus und Euphrat entdeckte, berichtet, dass die Bewohner Indiens die Kunst des Filzens von Wolle verstanden (Strabo XV. 1, 67). Aus den chinesischen Annalen der Tang-Dynastie geht hervor, dass zu Beginn der Periode Tianbao (742–756 n. Chr.) der König der Insel Ceylon Tributgeschenke an den kaiserlichen Hof sandte, und unter diesen Geschenken fielen Stücke aus weißem Filz besonders auf. In diesem Zusammenhang ist auch erwähnenswert, dass nach einem alten chinesischen Bericht über Java zwei Arten von Filz auf der Insel erhältlich waren – eine, die wie Granit gefärbt war, und eine andere, die ein tiefes Karminrot hatte.

John Fryer, der von 1672 bis 1681 Indien und Persien bereiste, schreibt, dass in Surat die Pferde mit einer Art Filz oder Wollstoff warm eingepackt wurden, zwei- oder dreifach. In Nordindien wurden sowohl gewebte als auch gefilzte Decken (*kambala*) hergestellt.

In Indien wird Filz derzeit in Ladak, Jaipur, Rajputana, Hyderabad und anderen Orten hergestellt, wobei Filz für Decken, Teppiche, Kissen, Bettzeug, Umhänge und Leggings verwendet wird. Gefärbte Wolle wird oft mit großer Wirkung verwendet, um Muster auf der Oberfläche des Materials zu erzeugen. Die beste Art von Filz besteht ganz aus Schafwolle oder ist eine Mischung aus Wolle und ausgelesenen und gereinigten Ziegen- und Kamelhaaren.

FILZ BEI IRANERN UND TÜRKEN

Der chinesische buddhistische Pilger Faxian 法顯 brach im Jahr 399 n. Chr. zu seiner denkwürdigen langen Reise nach Indien auf dem Landweg von China über Zentralasien auf, über die er einen faszinierenden Bericht hinterlassen hat. Als er das Königreich Shanshan[3] 鄯善 südlich des Lob-Sees (Lob-nor) durchquerte, machte er diesen Eintrag in seinem Tagebuch:

---

3   Es ist heute besonders durch den archäologischen Fundort Loulan 樓蘭 bekannt.

Die Kleidung des einfachen Volkes ist grob und gleicht der, die in unserem Land Han (China) getragen wird; einige tragen Filz, andere groben Serge oder härenen Stoff; dies war der einzige Unterschied, den man bei ihnen sah.

Dies ist der früheste Bericht über die Verwendung von Filz in einer Region des heutigen chinesischen Turkestan. Turkestan bedeutet „Land der Türken". Zur Zeit des Besuchs von Faxian war Turkestan jedoch noch nicht von den Türken erobert, die sich damals auf die südliche Mongolei beschränkten, sondern dicht von iranischen Stämmen bevölkert, die zur indoeuropäischen Familie gehörten und eine sehr blühende Zivilisation hatten. Die iranischen Stämme bedeckten damals ein riesiges Gebiet, das sich von den Grenzen Chinas im Westen über die Ebenen Chinas und Russisch-Turkestans bis weit in die Steppen Südrusslands erstreckte; denn die von den griechischen Geschichtsschreibern so genannten Skythen gehören zu derselben Gruppe, und sie sind alle eng mit den Persern verwandt. Alle Stämme, die zu dieser großen iranischen Familie gehören, waren aktive und tatkräftige Filzproduzenten, und es kann sogar sehr gut sein, dass sie die Initiatoren dieser Technik waren. Sicher ist, dass gewebte Teppiche zuerst in ihrer Mitte hergestellt wurden, und da nach meiner Einschätzung die Teppichweberei nach und als Folge der Filzteppiche entstand, liegt es nahe, dass es Iraner waren, die die Herstellung von Filz erfunden haben.

Herodot (IV, 46) beschreibt, dass die Skythen auf Karren lebten, die die einzigen Häuser waren, die sie besaßen. Rawlinson bemerkt zu Recht, dass ihre Wagen ein Zelt trugen, das aus einem leichten Holzgerüst bestand, das mit Filz oder Matten bedeckt war und leicht von den Rädern auf den Boden übertragen werden konnte. Hesiod, der griechische Dichter, sagt, dass Phineus von den Harpyien „in das Land der milchgesättigten Völker, deren Häuser Wagen sind" getragen wurde. Aischylos (*Der gefesselte Prometheus* 709) singt von den „wandernden Skythen, die in Hütten aus Gitterwerk wohnen, die auf leichten Rädern stehen". Die Skythen hatten auch die Gewohnheit, ständig Filzkappen oder -hüte zu tragen.

Die Tatsache, dass es im Iran eine Filzindustrie gab, wird durch das gemeinsame Zeugnis chinesischer und griechischer Beobachter eindeutig bestätigt. Faxian wurde soeben in den Zeugenstand gerufen. Nach den chinesischen Annalen der Tang-Dynastie pflegte der König von Sogdiana, der in Samarkand residierte, einen mit Gold und Edelsteinen geschmückten Filzhut zu tragen.

Mann aus Badakśan

Kasache

Filzhüte aus Zentralasien (*Huang Qing zhigong tu* 皇清職貢圖.)

Kirgise

Aufbau einer kirgisischen Jurte (aus dem sog. Turkestan-Album)
https://www.pinterest.de/pin/404198135321422212/

Moderne Filzkleidungsstücke (nach alten Vorlagen) aus dem Iran
https://ifpnews.com/in-iran-felt-making-has-roots-in-history/

Aurel Stein 1909
https://wellcomeimages.org/indexplus/image/V0027218.html

Die persischen Magier, die Priester Zarathustras, trugen hohe Turbane aus
Filz, die auf jeder Seite so weit herunterreichten, dass sie die Lippen und die
Wangen bedeckten (Strabo XV. 3, 15). Die Lykier, die Xerxes, den König von
Persien, auf seiner Expedition nach Griechenland begleiteten, trugen
Filzkappen, die von Federn umgeben waren (Herodot VII, 92). Die persischen

Soldaten im Heer des Xerxes trugen leichte und biegsame Hüte aus Filz, die Tiaras genannt wurden. Die Meder und Baktrier waren mit der gleichen Art von Kopfbedeckung ausgestattet wie die Perser. Die Armenier wurden ebenfalls als „Filzträger" bezeichnet. Strabo beschreibt die persische Mütze als „Filz in Form eines Turms" und fügt hinzu, dass diese Mützen in Medien wegen des kalten Klimas notwendig waren. Der König von Persien zeichnete sich durch einen steifen Filzhut aus, der aufrecht stand, während seine Untertanen ihre Tiara gefaltet und nach vorne gebeugt trugen (Xenophon, *Anabasis* II.5, 23). So wird in den *Vögeln* von Aristophanes, dem Vater der Komödie, der Hahn auf lächerliche Weise mit dem Großkönig verglichen, wobei sein aufrechter Kamm als „persische Mütze" (kyrbasia) bezeichnet wird. Die Athener betrachteten diese Form der Tiara zweifellos als Ausdruck von Stolz und Arroganz. Xenophon spielt auf gefilzte Steppdecken an, die in Medien hergestellt und als Sofas oder Teppiche auf dem Boden ausgebreitet wurden, um darauf zu sitzen. Auch die Meder bedienten sich der Taschen und Säcke aus Filz, und die Perser verwendeten Filz für das Geschirr ihrer Pferde. Im Anglo-Indischen wird ein Filzteppich als *numda* oder *numna* bezeichnet. Dieses Wort ist von Hindustani *namda* und Persisch *namad* abgeleitet. Diese Filzteppiche sind bis heute ein besonderes Produkt der heimischen Industrie von Khotan, von wo aus jährlich große Mengen nach Ladak und Kaschmir exportiert werden. Sir Aurel Stein (*Sand-buried Ruins of Khotan*, S. 402) hat die früheste Erwähnung dieser Filzteppiche unter dem Namen *namadis* in einem Kharoṣṭhī-Dokument entdeckt, das in den Ruinen von Khotan gefunden wurde und auf das neunte Jahr des Königs Jitroghavarshman datiert ist. Darin wird eine Transaktion eines gewissen Buddhagosha bezüglich einiger Haushaltswaren beschrieben, die vielleicht verpfändet oder als Hypothek übernommen wurden. Die Gegenstände werden detailliert aufgezählt, und ihr Wert wird angegeben. Neben Schafen, Gefäßen, Geräten zum Weben von Wolle und einigen anderen Utensilien enthält diese Liste auch die Filzteppiche *namadis*.

Mit noch größerem Glück gelang es Sir Aurel, den alten Abfallhaufen und vergrabenen Tempelruinen von Chinesisch-Turkestan zahlreiche Reste alter Filze zu entreißen, die in seinem monumentalen Werk *Serindia* beschrieben sind. Es handelt sich dabei aller Wahrscheinlichkeit nach um die ältesten Filzreste, die den Zahn der Zeit überlebt haben; sie werden im Britischen Museum aufbewahrt. Sie sollten eines Tages von einem Filzexperten sorgfältig untersucht und analysiert werden. Eine solche Untersuchung könnte ein unerwartetes Licht auf die frühe Technik der Filzherstellung und ihre historischen Zusammenhänge werfen.

Von den Filzstücken und -fragmenten, die Sir Aurel Stein in Chinesisch-Turkestan entdeckte, sind besonders zu erwähnen: ein nierenförmiges Filzkissen, das mit chamoisfarbener Seide bespannt ist, eine konische Kopfbedeckung aus sorgfältig durchbohrtem gelbem Filz, die wie eine phrygische Mütze geformt ist, Schuhsohlen, ein Fragment mit einem aufgenähten Wellenmuster aus dünnem karmesinrotem Filz, Fragmente aus gelb, rot und scharlachrot gefärbtem Filz, kleine Stücke aus gelbem Filz, die auf einer Tempera-Oberfläche mit floralen und geometrischen Mustern in verschiedenen Farben bemalt sind, und viele andere. Im Zusammenhang mit seiner Entdeckung des karmesinroten Filzes sei an den purpurroten oder scharlachroten Filz erinnert, mit dem der Scheiterhaufen von Hephaistion drapiert war, als dieser Freund Alexanders des Großen 324 v. Chr. in Ecbatana starb und im Auftrag seines Herrn in Babylon mit einem prächtigen Trauerfeier beigesetzt wurde.

In seinem Werk *Ruins of Desert Cathay* schreibt Sir Aurel,

> Kök-yar ist in ganz Turkestan für seine ausgezeichneten Filze berühmt, und ein großer Teil des offensichtlichen Wohlstands, der in diesen Gehöften herrschte, stammte zweifellos aus den Gewinnen dieser blühenden Industrie.

In der Festungsruine von Miran fand er einen gut erhaltenen Filzbeutel, der zur Ausrüstung eines Soldaten gehört haben könnte (Tafel 138, Abb. 27). Kök-yar ist auch für seine Paipak genannten Filzsocken bekannt, und Karghalik ist der große Markt für sie. An einer anderen Stelle sagt er,

> Saubere Lehmwände und farbenfrohe Khotan-Filze (kirgiz) lassen selbst einen kahlen kleinen Raum an einem Winterabend heiter und gemütlich erscheinen.

Eine weitere wichtige archäologische Entdeckung machte W. Radloff vor zwei Generationen in Gräbern in Südsibirien, die der Eisenzeit angehören. In diesen Gräbern entdeckte er einen Filzstiefel oder eine Socke, deren Sohle aus einer sehr feinen Filzart gefertigt war. Dies war das Produkt eines alten türkischen Stammes. Auf Steindenkmälern oder Bronzetafeln in Südsibirien finden sich häufig spitze Kappen, die zweifellos aus Filz hergestellt wurden.

Filz-Sattel aus Pazyryk (4.–3. Jh. v. Chr.?)
https://www.pinterest.de/8233211823282092/

Filzteppich aus Pazyryk (4.–3. Jh. v. Chr.)
www.evpatori.ru/ zverinyj-stil-v-gornom-altai.html

Es wurde bereits erwähnt, dass die alten Xiongnu oder Hunnen in Filzzelten lebten, und diese Art der Behausung war für die meisten türkischen Stämme in Asien durch alle Zeiten hindurch charakteristisch. Im sechsten Jahrhundert unserer Zeitrechnung wurden die Chinesen auf ein neues türkisches Volk aufmerksam, das das Gebiet der heutigen südlichen Mongolei bewohnte und von ihnen Tujue 突厥 genannt wurde, was das Wort „Türken" wiedergibt und das erste Auftreten dieses Namens in der Geschichte darstellt. Diese Tujue kleideten sich wie ihre Vorgänger in Felle und Wolle und lebten in Filzzelten. Die Kozlov-Expedition in der nördlichen Mongolei, deren Ergebnisse 1925 veröffentlicht wurden, fand im Hauptgrab unter dem Sarg einen Filzteppich, der mit bestickter Seide eingefasst war. Dieses prächtige Exemplar kann der Xiongnu-Kunst zugeschrieben werden und stammt vermutlich aus dem ersten Jahrhundert vor unserer Zeitrechnung. Aus der gleichen Gruppe von Gräbern wurden auch dicke Filzsohlen gefunden, die mit Seide oder dünnen Fäden bestickt waren. Abbildungen siehe *Burlington Magazine*, April 1926.

Die Kirgisen, ein weiterer alter türkischer Stamm, trugen laut den chinesischen Annalen weiße Filzmützen, mit Ausnahme ihres Häuptlings, der im Winter einen Zobelhut und im Sommer einen spitzen Metallhelm mit umgedrehter Spitze trug. Sie fügten Filzstücke zusammen, um Zelte zu bauen; die Häuptlinge lebten in kleinen Zelten.

Die Shiwei 室韋, ein alter Stamm in der Mandschurei (heute ausgestorben), lebten zwar in Hütten, die mit groben Matten bedeckt waren, hatten aber Filzzelte nach türkischer Art, die auf Karren montiert waren; diese wurden offensichtlich zum Reisen benutzt. Die chinesischen Annalen berichten, dass sie anstelle von Filz ein Paket mit Gras unter die Sättel ihrer Pferde legten.

Bei der Wahl ihrer Häuptlinge pflegten die türkischen Stämme diese auf einem weißen Filzteppich zu erheben, nicht auf einem gewebten Teppich. Bei zeremoniellen Ritualen werden die ältesten Bräuche eines Stammes rein bewahrt und strikt eingehalten, und diese Praxis zeigt deutlich, dass die Verwendung von Filzteppichen der Verwendung von gewebten Teppichen bei den Türken vorausging. Interessant ist auch die Tatsache, dass in den türkischen Epen, die ein wahres Bild ihres primitiven Lebens widerspiegeln, die Kunst des Webens nie erwähnt wird, während Nähen, Sticken und Filzen als einziger Zeitvertreib und Handwerk der Frauen genannt werden.

Die Herstellung von Filzdecken ist die wichtigste Heimindustrie der Kirgis-Kaizak [Kasachen] in Russisch-Turkestan und wird fast ausschließlich von Frauen betrieben. Filze werden von ihnen zum Abdecken ihrer Zelte (Jurten), als Teppiche, Türvorhänge, Satteldecken, Beutel, Flaschenhüllen, Handschuhe und Matratzen verwendet. Ihr Verkauf stellt für sie eine bedeutende Einnahmequelle dar; denn auch die Russen, vor allem die Kosaken, und die sesshafte Stadtbevölkerung Turkestans wie die Sarten machen reichlich Gebrauch von Filzmaterial, z.B. für Fensterläden, Matratzen und vor allem für die Verpackung von Waren, die mit Karawanen transportiert werden. Wegen der überwiegenden Verwendung von Filz in ihrer Ausrüstung haben die Kosaken von den regulären Truppen den Spitznamen „Filztruppen" erhalten. Die Bewohner der Städte in Russisch-Turkestan stellen ebenfalls Filz her, der jedoch weniger haltbar und von schlechterer Qualität ist als der kirgisische Filz. Die städtischen Produkte sind billiger und sogar feiner, weicher und glatter als der einfache kirgisische Filz, aber letzterer ist zehnmal so stark wie der der Sarten. Dieser Punkt ist von großem Interesse, denn er bestätigt meine Meinung, dass Filz ursprünglich eine Erfindung der Hirtenvölker und nicht der sesshaften Völker war. Die letzteren haben die ersteren lediglich nachgeahmt, und obwohl ihr Produkt eleganter und raffinierter aussieht, kommt es in Bezug auf Festigkeit und Haltbarkeit nicht an das Original heran. Die Kirgisen stellen weißen und schwarzen Filz her, wobei ersterer als der bessere angesehen wird. Neben Filzdecken stellen die Frauen auch Filzhüte aus weißer Wolle für die Männer her. Die Turkmenen stellen aus Filz Schleudern her, die von Jungen zum Töten von Vögeln verwendet werden.

Für die Herstellung von Filz wird die Sommerwolle von Schafen bevorzugt, insbesondere die erste Wolle der im Frühjahr geborenen Lämmer. Als Schlichte dient Ölkuchen, der mit dem Wasser vermischt wird, das über die auf einer Schilfmatte ausgebreitete Wolle gesprenkelt wird. Es wird zunächst mit Ruten geschlagen, bis die Masse die gleiche Höhe erreicht. Die Wolle wird gewöhnlich in zwei Lagen angeordnet, eine untere aus brauner, billigerer Wolle und eine obere aus weißer Wolle. Die Matte wird dann so fest wie möglich zusammengerollt und mit Schnüren verschnürt. Dieses Paket wird über den Boden hin und her gerollt, von einigen erfahrenen alten Leuten an einem Seil gezogen und von einigen Mädchen, die ihm folgen, mit den Füßen geschoben. Die Schnüre werden von Zeit zu Zeit gestrafft. Schließlich wird die Matte entfernt, die Wolle wird wieder aufgerollt und mehrere Stunden lang gerollt und wieder gerollt, während sie ständig mit Wasser besprengt wird. Dann werden die Wollschichten ausgebreitet, an der Sonne getrocknet, und fertig ist der Filz, geschmeidig und glatt wie Stoff. Aus farbigem Filz werden Muster ausgeschnitten, auf den Filzteppich gelegt und in ihn hineingeschlagen.

Bei den türkischen Stämmen Zentralasiens wird zunächst die weiße Wolle von der dunklen getrennt. Die Lagen werden auf Pferdehäuten ausgebreitet und ausgeklopft. Dann werden sie mit Wasser besprengt und zwischen zwei Schilfmatten gerollt, bis die Masse fest ist. Zuerst wird sie mit den Händen gerollt, dann mit den Füßen, während sechs oder acht Frauen mit in die Seite gestemmten Armen die Rolle in gleichmäßigem Tempo vorantreiben, was den Bewegungen eines Tanzes nicht unähnlich ist, und dabei Lieder singen. Falls gewünscht, werden Muster in gefärbter Wolle ausgelegt.

Franz von Schwarz, ehemaliger Astronom des Observatoriums von Taschkent, macht in seinem Buch *Turkestan* (1900) die folgende interessante Beobachtung:

> Unter den Eingeborenen von Russisch-Turkestan herrscht der Glaube, dass Skorpione, Phalangen (Walzenspinnen), Taranteln, Schwarze Witwen und Schlangen sich auf Filzmatratzen nicht bewegen können und dass man daher vor ihren Angriffen sicher ist, wenn man auf Filzdecken schläft. Inwieweit diese Meinung auf Tatsachen beruht, kann ich nicht mit Sicherheit sagen; aber so viel weiß ich, dass ich selbst auf meinen Reisen, als ich in der Regel Filzdecken als Polsterung für mein Feldbett benutzte, nie von Skorpionen usw. angegriffen wurde, selbst an Orten, wo es von diesem Ungeziefer wimmelte.

FILZ BEI DEN MONGOLEN

Mongolisches Obergewand (*Deel*) aus einem Felsengrab von Duguj Cachir, etwa 11. Jh. (Aus: *Steppenkrieger. Reiternomaden des 7.–14. Jh. aus der Mongolei.* Darmstadt: Primus in WBG 2012.)

Marco Polo (Buch I, Kap. 52), der venezianische Reisende des dreizehnten Jahrhunderts, schreibt, dass die Häuser der Mongolen kreisförmig sind und aus mit Filz überzogenen Stäben bestehen. Diese werden überallhin mitgenommen; denn die Stäbe sind so fest miteinander verbunden und auch so gut zusammengefügt, dass das Gestell sehr leicht gemacht werden kann. Sie haben auch Wagen, die mit schwarzem Filz bedeckt sind, der so wirksam ist, dass kein Regen eindringen kann. Diese werden von Ochsen und Kamelen gezogen, und die Frauen und Kinder reisen in ihnen.

Auf die gleiche Weise beschreibt Plano Carpini 1246 die Häuser der Mongolen als

rund und künstlich hergestellt wie Zelte, aus verflochtenen Stäben und Zweigen, mit einem runden Loch in der Mitte des Daches für den Einlass von Licht und den Durchgang von Rauch, wobei das Ganze mit Filz bedeckt ist, aus dem auch die Türen gemacht sind.

Ibn Batuta, der bedeutende arabische Reisende des vierzehnten Jahrhunderts, wurde, als er sich nach Sarai [Hauptstadt der Goldenen Horde] begab, in einem vierrädrigen Wagen befördert, auf dem, wie er sagt, eine Art Pavillon aus Stäben stand, die mit schmalen Riemen zusammengeschnürt waren; er war sehr leicht, mit Filz oder Stoff bedeckt und mit vergitterten Fenstern versehen, so dass der Reisende im Innern hinausschauen konnte, ohne gesehen zu werden; er konnte seine Position nach Belieben ändern, schlafen oder essen, lesen oder schreiben während der Reise.

Einige der Zelte waren zusammenklappbar, andere waren massiv und feststehend. Darüber informiert uns Carpini wie folgt:

Einige der Hütten werden schnell zerlegt und wieder aufgebaut; solche werden auf die Tiere gepackt. Andere können nicht zerlegt werden, sondern werden auf den Wagen mitgenommen. Um die kleineren Zelte auf einem Wagen zu transportieren, genügt ein einziger Ochse; für die größeren Zelte werden je nach Größe drei oder vier oder sogar mehr Ochsen benötigt.

Die Karren, die zum Transport der Wertsachen der Mongolen verwendet wurden, waren mit in Talg oder Schafsmilch getränktem Filz überzogen, um sie wasserdicht zu machen. Die Stützen [des Aufbaus] dieser Karren waren rechteckig [angeordnet] und ergaben die Form eines großen Schrankkoffers. Weißer Filz spielte bei den Mongolen eine wichtige Rolle bei der Krönungszeremonie. Der König wurde auf eine Matte aus weißem Filz gesetzt, die auf dem Boden ausgebreitet wurde. Im Jahr 1206 n. Chr. wurde Temujin auf einer Versammlung der Fürsten der Mongolei zum Kaiser gekrönt, als er den Titel Dschingis Khan annahm. Bei dieser Gelegenheit saß er auf einem Teppich aus weißem Filz und wurde an die Bedeutung der Pflichten erinnert, zu denen er berufen wurde. Ein Redner, der im Namen der Nation sprach, wandte sich mit folgenden Worten an den neuen Herrscher:

Richte deine Augen auf den Filz, auf dem du sitzt. Wenn du dein Reich gut regierst, wirst du glorreich herrschen, und die ganze Welt wird sich deiner Herrschaft unterwerfen; wenn du aber das Gegenteil tust, wirst du

unglücklich und ausgestoßen sein und so arm werden, dass du nicht einmal
ein Stück Filz hast, auf dem du sitzen kannst.

Dies war nicht nur als moralische Ermahnung gedacht, sondern die Zeremonie
war von einer tieferen Bedeutung durchdrungen. Bei den Mongolen ist weißer
Filz auch in der heutigen Zeit ein Material mit heiligem Charakter. Wenn man
eine Person auf einen weißen Filzteppich setzt, drückt man ihr gute Wünsche
für ihr Wohlergehen aus. Aus diesem Grund wird eine Braut während der
Hochzeitszeremonie auf einen weißen Filz gesetzt, oder Menschen, die sich
auf eine lange Reise begeben, wird diese Ehre zuteil. Ein Tier, das den Göttern
geopfert werden soll, wird auf einem weißen Filz geschlachtet. Daher
vermeiden die Frauen, wenn sie von Filz sprechen, sorgfältig das übliche Wort
dafür (*ishighei*) [isegei], das ein Ausdruck des Respekts ist, und ersetzen es durch
die Worte *dzulakhai*[4] oder *tolok*[5]. Es ist auch überliefert, dass der Filzteppich,
der zur Einweihung von Dschingis diente und durch das Glück des
Welteroberers gewürdigt wurde, von seinen Nachfolgern lange als ein Hort
und eine heilige Reliquie aufbewahrt wurde.

Mongolischer Filzfuchs – Kinderspielzeug und Talisman
https://www.pinterest.de/pin/135811744996819683/

Timur oder Tamerlan (1336–1405), dem furchterregenden Eroberer, wird
die Erfindung einer Art Filzhut zugeschrieben, den seine Truppen bei der
Invasion Persiens trugen. Diese Kopfbedeckungen schützten seine Soldaten
besser vor Sonne und Regen als Turbane und unterschieden sie von ihren
Feinden.

---

4   D.i. зулхай = kardierte Wolle zum Filzen. Freundlicher Hinweis von Dr. Oliver Corff.
5   *toloq* ist ein veraltetes Wort, das aber in der Geheimen Geschichte der Mongolen §189
     vorkommt, wo es einen weißen Filzteppich bedeutet. Ich verdanke diesen Hinweis Prof.
     Vladimir Uspenskij in St. Petersburg.

Von allen Tatsachen, die mit der Geschichte des Filzes zusammenhängen, ist die merkwürdigste, dass die Mongolen die Bilder ihrer Götter aus diesem Material herstellten. Plano Carpini, der im Jahr 1246 als Botschafter zum Großkhan der Mongolen reiste, informiert uns darüber:

> Sie haben bestimmte Idole aus Filz in der Gestalt eines Mannes, die sie zu beiden Seiten der Tür ihrer Behausung aufstellen; und darüber stellen sie Dinge aus Filz in Form von Zitzen auf, von denen sie glauben, dass sie die Hüter ihrer Herden sind und dass sie ihnen eine Vermehrung von Milch und Fohlen versichern. Wann immer sie zu essen oder zu trinken beginnen, bieten sie diesen Götzen zuerst einen Teil ihrer Speisen oder Getränke an.

Bruder Rubruk, der ebenfalls die beschwerliche Reise in die Mongolei unternommen hat, hat diese Geschichte zu erzählen:

> Und über dem Kopf des Herrn ist immer ein Bild aus Filz, wie eine Puppe oder Statuette, das sie den Bruder des Herrn nennen; ein anderes ähnliches ist über dem Kopf der Herrin, das sie den Bruder der Herrin nennen, und sie sind an der Wand befestigt; und höher oben zwischen den beiden ist ein kleines, schlankes, das sozusagen der Wächter der ganzen Behausung ist.

Marco Polo sagt in Bezug auf den Gott der „Tataren",

> Sie haben einen bestimmten Gott, der Natigay heißt, und sie sagen, er sei der Gott der Erde, der über ihre Kinder, ihr Vieh und ihre Ernten wacht. Sie erweisen ihm große Verehrung und Ehre, und jeder Mann hat eine Figur von ihm in seinem Haus, die aus Filz und Stoff gemacht ist; und sie machen auch auf dieselbe Weise Bilder von seiner Frau und seinen Kindern. Die Frau stellen sie an die linke Hand und die Kinder an die vordere. Und wenn sie essen, nehmen sie das Fett des Fleisches und schmieren damit den Mund des Gottes sowie die Münder seiner Frau und seiner Kinder ein.

Bruder Odorich von Portenau (Pordenone), der zwischen 1322 und 1328 Nordchina besuchte, berichtet, dass die Minderbrüder den Mongolen die Teufel austreiben und ihre aus Filz gefertigten Götzen ins Feuer werfen, während sich die gesamte Bevölkerung des Landes versammelt, um die Götter ihrer Nachbarn verbrennen zu sehen.

Auch bei den Türken gab es früher Filzgötter. Kapitän John Smith, der auch *The General History of Virginia, New England and the Summer Isles* schrieb, hat in seinem Buch *True Travels, Adventures, and Observations in Europe, Asia, Africa, and America, from 1593 to 1629* (London, 1630) eine anschauliche Beschreibung des Lebens der Tataren in Südrussland gegeben. Er beschreibt die Häuser der Prinzen als

> sehr kunstvoll gearbeitet, sowohl das Fundament, als auch die Seiten und das Dach aus Flechtwerk, das rundherum bis zur Spitze wie ein Taubenschlag[6] ansteigt; dieses bedecken sie mit weißem Filz oder weißer Erde, die mit Knochenpulver gemischt ist, damit es noch weißer glänzt,

---

6   *Dove-coat* im Zitat steht für das homophone dove-cote.

manchmal auch mit schwarzem Filz, der mit Reben, Bäumen, Vögeln und Tieren neugierig bemalt ist.

Sein interessantester Beitrag ist die Beschreibung der Filzgötter wie folgt:

Nachdem sie ihre Häuser von den Wagen genommen haben, stellen sie den Herrn immer nach Norden; über seinem Kopf ist immer ein Bild wie eine Puppe aus Filz, das sie seinen Bruder nennen; die Frauen zu seiner Linken, und über dem Kopf der obersten Herrin, ein anderer Bruder; und zwischen ihnen ein kleines, das der Hüter des Hauses ist; An den Bettfüßen der guten Frau ist ein Ziegenfell, das mit Wolle ausgestopft ist, und daneben eine Puppe, die zu den Mägden hinschaut; neben der Tür eine andere, mit einem getrockneten Kuheuter, für die Frauen, die die Kühe melken, denn nur die Männer melken Stuten; jeden Morgen besprenkeln sie diese Bilder in ihrer Ordnung mit dem, was sie trinken, sei es Kosmos [Kumis] oder was auch immer, aber die ganze Milch der weißen Stuten ist für den Prinzen vorbehalten. Dann, außerhalb des Tores, dreimal nach Süden, wobei jeder sein Knie zu Ehren des Feuers verneigt; dann das Gleiche nach Osten, zu Ehren der Luft; dann nach Westen, zu Ehren des Wassers; und zuletzt nach Norden, zu Ehren der Toten.

Die Mongolen machen Filz, indem sie Schafwolle nass machen und mit Stöcken schlagen, sie dann pressen und die groben Wollstreifen an weidende Pferde binden, die sie über die glatte Grasfläche der Ebene ziehen und so fertigstellen.

FILZ BEI GRIECHEN UND RÖMERN

Die früheste griechische Anspielung auf Filz (griechisch *pilos*) findet sich in Homers *Ilias* (X, 265), wo es heißt, dass Odysseus einen mit Filz gefütterten Lederhelm trug. Filz wurde von den Griechen für Panzer und Kleidungsstücke, insbesondere Regenmäntel, verwendet, vor allem aber für eng anliegende, kegelförmige Mützen, die man sich zum Schutz vor Kälte oder Regen über die Ohren zog (griechisch *pilídion*, lateinisch *pilleolum*). Eine solche Mütze wurde im Allgemeinen von Handwerkern getragen und erscheint in künstlerischen Darstellungen als deren charakteristisches Kleidungsstück. Hephaistos und Daedalus tragen sie als Handwerker, Charon und Odysseus als Seefahrer. Hüte mit Krempe wurden auch aus Filz hergestellt. Es ist ein merkwürdiger Zufall, dass die griechischen Fischer mit einem Filzhut ausgestattet waren, wie es ihre Arbeitskollegen in China noch immer sind. In der Beschreibung der Aus‒ rüstung eines Fischers erwähnt Philippus „den Filzhut, der den Kopf umschließt und ihn vor Nässe schützt."

Stiefel und Socken wurden ebenfalls aus Filz hergestellt, und es ist ein Fall überliefert, in dem Cäsars Soldaten ihn anstelle einer Rüstung verwendeten, als sie von den Bogenschützen des Pompejus sehr belästigt wurden und pfeilsichere Wämser benötigten (*Bellum civile* III, 44). Thukydides verweist auf ein ähnliches Mittel zum Schutz des Körpers vor Pfeilen. Selbst bei der Belagerung und Verteidigung von Städten wurde Filz zusammen mit Fellen und Sackleinen verwendet, um die hölzernen Türme und Militärmaschinen zu bedecken.

Für die Herstellung von Filz verwendeten die Alten vor allem Schafwolle, seltener Ziegen-, Kamel-, Hasen- und Biberhaar. Es scheint, dass Filz manchmal zur Bedeckung der Körper von Tieren verwendet wurde. Aristoteles zufolge kleideten die Griechen ihre Schafe mit weicher Wolle entweder mit Fellen oder mit Filzstücken ein, woraufhin die Wolle grau wurde.

Die Römer übernahmen von den Griechen den Gebrauch des Filzes und auch seinen Namen (lateinisch *pileus, pilleus, pileum* oder *pilleum*); dieses Wort bezeichnet insbesondere die eng anliegende Filzkappe, die von den Römern bei Mahlzeiten, Theateraufführungen und Festen getragen wurde. Kurioserweise war der Filzhut bei den Römern ein Symbol der Freiheit; wenn ein Sklave seine Freiheit erlangte, ließ er sich den Kopf kahl scheren und trug die Schädelkappe aus ungefärbtem Filz. Andererseits trugen die Sklaven, wenn sie von ihrem Herrn verkauft wurden, diese Kappe als Zeichen dafür, dass der Verkäufer keine Garantie für sie übernehmen würde. Die Redewendung *ad pileum vocare* („zur Filzkappe rufen") hatte die Bedeutung „die Sklaven zur Freiheit rufen, sie durch Freiheitsversprechen zur Rebellion auffordern". Beim Tod Neros im Jahr 68 n. Chr. zog das gemeine Volk in den Straßen Roms umher, um seiner Freude Ausdruck zu verleihen. Suetonius spricht in seinem Leben des Nero bei dieser Gelegenheit vom „gefilzten Mob" (*plebs pileata*). In Anspielung auf diesen Brauch hält die Freiheitsfigur auf den Münzen des Antoninus Pius (138–161 n. Chr.) die Mütze in ihrer rechten Hand.

Plinius (VIII, 73) schreibt, dass

> Wolle auch zur Herstellung von Filz gepresst wird, der, wenn er in Essig getränkt wird, sogar Eisen widerstehen kann; und mehr noch, nachdem er den letzten Prozess durchlaufen hat, widersteht Wolle sogar dem Feuer.

Papadopoulo-Vretos[7] teilte 1845 der Pariser Akademie für Inschriften und Literatur mit:

> Ich habe ungebleichten Flachs in mit Salz gesättigtem Essig eingeweicht und nach dem Pressen einen Filz erhalten, dessen Widerstandskraft mit der der berühmten Rüstung Konrads von Montferrat durchaus vergleichbar ist; denn weder die Spitze eines Schwertes noch die Kugeln von Feuerwaffen konnten ihn durchdringen.

Der Vorgang des Filzens wurde mit dem Verb *cogere* („zusammenbringen, anhäufen") bezeichnet. Ein Filzer wurde *coactor, coactiliarius* oder *coactor lanarius* („Wollfilzer") genannt; seine Kunst wurde als *ars coactiliaria* bezeichnet; Filzprodukte wurden als *coacta* bezeichnet. In einem Edikt des Kaisers Diocletianus (285–305 n. Chr.) wird eine Pferdedecke aus Filz unter dem Begriff *centunclum equestre coactile* erwähnt.

---

7   André Papadopoulo-Vretos: *Mémoire sur le Pilima, ou espèce de feutre dont les Anciens se servaient pour la confection de leurs armes défensives, retrouvé et proposé pour l'usage des armées modernes.* Paris: Impr. royale 1843. 28 S.

Es stellt sich die Frage, ob die Römer das Wissen über Filz an die keltischen und germanischen Völker weitergegeben haben, oder ob die Verwendung von Filz im mittelalterlichen und modernen Europa ein Erbe der klassischen Zivilisation ist. Die germanischen Sprachen haben ein gemeinsames Wort für Filz: deutsch *Filz*, niederländisch *vild*, dänisch-schwedisch *filt*, angelsächsisch *felt*. Dieses Wort wird von Sprachwissenschaftlern mit dem altslawischen *plusti* in Verbindung gebracht. Bemerkenswert ist, dass das Wort für Filz in den romanischen Sprachen nicht, wie man erwarten könnte, auf dem lateinischen *pileus* basiert, sondern auf dem germanischen Wort: italienisch und portugiesisch *feltro*, spanisch *fieltro*, französisch *feutre* (italienisch *feltrare*, französisch *feutrer*, „filzen"), also mittelalterliches lateinisches *filtrum*. Es ist daher wahrscheinlich, dass die romanischen Völker das Wissen über das Filzen nicht von den alten Römern, sondern von den germanischen Stämmen des frühen Mittelalters erhalten haben. Letztere könnten die Kunst von ihren östlichen Nachbarn, den Slawen, übernommen haben; und die Slawen leiteten ihr Wissen von skytho-sibirisch-türkischen Völkern ab. Das russische Wort für Filz, *woilok*, ist ein Lehnwort, das auf das türkische *oilik* („das, was als Decke dient") zurückgeht; dasselbe Wort erscheint im Polnischen als *wojlok*.

Bibliographie

Faxian 法顯 (337–422)
The travels of Fa-hsien (399–414), or record of the buddhistic kingdoms. Re-translated by H. A. Giles. London: Routledge & Kegan Paul 1959. XX, 96 S.

Fan Chengda 范成大 (1126–1193): *Canluanlu* 驂鸞錄
James M. Hargett: *On the road in twelfth century China. The travel diaries of Fan Chengda (1126–1193).* Stuttgart: Steiner 1989. XI,343 S.

Fan Chuo 樊綽 (um 860–873): *Manshu* 蠻書
Fan Chou: *The Man shu, book of the Southern barbarians.* Translated by Gordon H. Luce. Ed. by Giok Po Oey. Ithaca, N.Y.: Southeast Asia Program, Dept. of Far Eastern Studies, Cornell University 1961. 116 S.

John Fryer: *A new account of East India and Persia, being nine years' travel, 1672–1681.* London: Hakluyt Society 1909–1915. 3 Bde.

Giovanni da Pian de Carpine [Plano Carpini] (um 1185–1252): Johannes Gießauf: *Die Mongolengeschichte des Johannes von Piano del Carpine: Einführung, Text, Übersetzung, Kommentar (= Schriftenreihe des Instituts für Geschichte* Band 6). Graz: Institut f. Geschichte der Univ. 1995. 266 S.

Petr Kuzmič Kozlov: *Kratkie otčety ėkspedicij po issledovaniju Severnoj Mongolii v svjazi s Mongolo-tibetskoj ėkspediciej.* Leningrad 1925. 58 S.

Berthold Laufer: The early history of felt. *American Anthropologist* N.S. 32.1930, 1–18

Liu An: *Huainanzi* 淮南子 (139 v. Chr.)
John S. Major u.a.: *The Huainanzi.* New York. Columbia Univ. Pr. 2010. XI, 988 S.

Liu Xu 劉煦 (912–988): *Jiu Tangshu* 舊唐書.

Arthur Christopher Moule, Paul Pelliot: *Marco Polo. The Description of the World.* London: Routledge 1938. 2 Bde.

Odorich von Portenau OFM: *Die Reise des seligen Odorich von Portenau nach Indien und China (1314/18–1330).* Übersetzt, eingeleitet und erläutert von Folker Reichert. Heidelberg: Manutius 1987. 161 S.

Leonardo Olschki (1885–1961): *Der Mythos Filz*. Übersetzt und hrsg. von H. Walravens. Norderstedt: BoD 2021. 64 S.

André Papadopoulo-Vretos: *Mémoire sur le Pilima, ou espèce de feutre dont les Anciens se servaient pour la confection de leurs armes défensives, retrouvé et proposé pour l'usage des armées modernes.* Paris: Impr. royale 1843. 28 S.

Marco Polo (1254–1324): *Il Milione. Die Wunder der Welt.* Übersetzung aus altfranzösischen Quellen und Nachwort von Elise Guignard. Zürich: Manesse 1983. 508 S.

William Woodville Rockhill: *Land of the Lamas. Notes of a journey through China, Mongolia and Tibet.* New York: The Century Co. 1891. VIII, 399 S.

William Woodville Rockhill: *Notes on the ethnology of Tibet based on the collections in the United States National Museum.* Washington D.C.: Govt. Printing Office 1895. 83 S.

A. Róna-Tas: Felt-making in Mongolia. *Acta Orientalia (Hungarica)* 16.1963:2, 199–215

Franz von Schwarz (1826–1907): *Turkestan, die Wiege der indogermanischen Völker.* Freiburg: Herder 1900. XIX, 605 S.

John Smith: *True travels, adventures, and observations in Europe, Asia, Africa, and America, from 1593 to 1629.* London: Slater 1630. 60 S.

Aurel Stein (1862–1943): *Serindia. Detailed report of explorations in Central Asia and Westernmost China, carried out and described under the order of H. M. Indian Government.* Oxford: Clarendon Press 1921. 5 Bde.

Aurel Stein (1862–1943): *Ruins of desert Cathay. Personal narrative of explorations in Central Asia and westernmost China.* London: Macmillan 1912. 2 Bde.

Steppenkrieger. Reiternomaden des 7.–14. Jh. aus der Mongolei. Hrsg. v. Jan Bemmann. Darmstadt: Primus in WBG 2012. 416 S.

E. Tsareva: To the history of textile terminology: 1. On the term *sumah*; 2. The term *namad* (felt) of the peoples of Northern Eurasia. *Manuscripta Orientalia* 19.2013:2, S. 64–68

Wilhelm von Rubruk OFM (ca. 1215/1220–ca. 1270): *Reise zu den Mongolen 1253–1255.* übersetzt und erläutert von Friedrich Risch. Leipzig: Deichert

1934. VIII, 336 S. (*Veröffentlichungen des Forschungsinstituts für Vergleichende Religionsgeschichte an der Universität Leipzig.* Reihe 2, Heft 13).

S. Wells Williams: *The Chinese Commercial Guide.* 5. Aufl. Hongkong: Shortrede 1863. XVI, 387, 266 S.

W. Perceval Yetts: Discoveries of the Kozlóv Expedition.
Burlington Magazine for Connoisseurs 277 (April) 1926, 168–185
Henry Yule: *Cathay and the way thither.* New ed. revised by Henri Cordier. London: Hakluyt Society 1913–1916. 4 Bde.

Zhou Qufei 周去非: *Lingwai daida* 嶺外代答
Almut Netolitzky: *Ling wai dai da. Eine Landeskunde Südchinas aus dem 12. Jahrhundert.* Wiesbaden: Steiner 1977. XXXIV, 320 S.

Harald Zimmermann: Johannes de Plano Carpini. In: *Biographisch-Bibliographisches Kirchenlexikon* (BBKL). Band 14.1998, Sp. 1112–1114.

Neuere Literatur über Berthold Laufer

Laufers Publikationen sowie die ältere Sekundärliteratur sind in Laufer: *Kleinere Schriften.* Bd. 1.1976 verzeichnet.

Beiträge des Herausgebers:
Übersicht über die mandjurischen Abklatsche in amerikanischen Sammlungen.
Tractata altaica (Festschrift für Denis Sinor). Wiesbaden 1976, 743–753
Bestände der Sammlung Laufer in New York und in Chicago.

Berthold Laufer: *Kleinere Schriften.* Bd 1. Mit Vorwort von J. Needham.
Wiesbaden: Steiner 1976. CXLVI, 1443 S.
(Sinologica Coloniensia 2.)
Im Vorspann Schriften- und Nachlaßverzeichnis Laufers.

Deutsch-mandjurisches Wörterverzeichnis (nach H. C. von der Gabelentz' Mandschu-Deutschem Wörterbuch) durchgesehen von Hartmut Walravens und Martin Gimm.
Wiesbaden: Franz Steiner 1978. IX, 612 S. gr.8°
(Sinologica Coloniensia 4.)
Das Manuskript stammte aus dem Nachlaß von Berthold Laufer und erwies sich erst später als eine Arbeit von Wilhelm Grube (1855–1908).

Berthold Laufer: *Kleinere Schriften.* Bd 2.
Wiesbaden: Steiner 1979. LIII, 1625 S. gr.8°
(Sinologica Coloniensia 7.)
Inhalt (außer dem Nachdruckteil)
Ergänzungen zur Bibliographie in Bd 1
Daten über die Familie Laufer
Vita
Zeitungsberichte über Laufers Tod
Biographische Skizze. Von Henry Field
Laufers Visitenkarte und Doktordiplom
Korrespondenz mit Franz Boas
Korrespondenz mit Erwin von Zach

Berthold Laufer [1874–1934] and his rubbings collection.
Journal of the American Oriental Society 100.1980, 519–522
Die Sammlung befindet sich im Field Museum of Natural History.

Fudi bowuguan cang taben juying 富地博物館藏拓本聚瑛
Catalogue of Chinese rubbings from Field Museum. Researched by Hoshien Tchen,
M. Kenneth Starr; prepared by Alice Schneider, Photographs by Herta Newton
and Field Museum Division of Photography. Edited by Hartmut Walravens.
(Chicago: Field Museum of Natural History) 1981. LX, 746 S. gr.8°
(FMNH Publication 1327.)
(Fieldiana Anthropology NS 3.)
Ein grosser Teil der Sammlung (etwa 2/3) stammt von B. Laufer.

Laufer, Berthold [1874–1934]
Neue Deutsche Biographie 13.1982, 710–711

*Peter Schmidt [1869–1938], Ostasienwissenschaftler, Linguist und Folklorist. Mit
unveröffentlichten Briefen Schmidts.*
Hamburg: C. Bell 1982. 80 S. 4°
(Han-pao tung-Ya shu-chi mu-lu 5.)
Mit den Briefen von Schmidt an Berthold Laufer (1874–1934) in Chicago.

Kleinere Schriften von Berthold Laufer. Teil 3: Nachträge und Briefwechsel.
Herausgegeben.
Stuttgart: Franz Steiner Verlag 1985. 500 S. gr.8°
(Sinologica Coloniensia 13.)
Enthält u.a.:
Laufers phonographische Aufnahmen (Katalog).
Christoph Cüppers: Tibetische Lieder aus dem Nachlaß Laufers.
Rahul Peter Das: Vier Lieder aus Bengalen aus Laufers Nachlaß.
Korrespondenz mit zahlreichen Autoren.

[Hrsg.] *Sino-Tibetan studies*. Selected papers on the art, folklore, history, linguistics and prehistory of sciences in China and Tibet. By Berthold Laufer. Collected by Hartmut Walravens. Preface by Lokesh Chandra. Vol. 1–2.
New Delhi: (Aditya Prakashan) 1987. 762 S. 8°
Das Material sollte ursprünglich innerhalb der Laufer-Edition erscheinen, mußte aber aus Kostengründen unberücksichtigt bleiben.

Berthold Laufer [1874–1934]: *Briefwechsel mit dem American Museum of Natural History. – Guide to the Exhibition of the Chinese Collections, AMNH.* Nebst weiteren Briefen Berthold und Heinrich Laufers. Eine Ergänzung zu: Berthold Laufer: Kleinere Schriften.
Berlin: Bell 1991. II, 126 S. 4°
(Han-pao tung-Ya shu-chi mu-lu 36.)

Popular Chinese music a century ago: Berthold Laufer's legacy.
Fontes Artis Musicae 47.2000, 345–351

Briefe an Berthold Laufer.
W. A. Unkrig (1883–1956). Leben und Werk. Mit einigen seiner mongolistischen Beiträge.
Wiesbaden: Harrassowitz 2003. 230 S. ISBN 3-447-04619-8
(Asien- und Afrika-Studien der Humboldt-Universität zu Berlin 12.)

Zwei Briefe Berthold Laufers an Gabriel Ferrand (1864–1935).
Zeitschrift der Deutschen Morgenländischen Gesellschaft 160.2010, 303–308

Pēteris Šmits as a Manchu and Chinese expert. His relations with Berthold Laufer and Erwin von Zach.
Miscellanea Asiatica. Festschrift in honour of Françoise Aubin. Ed. by Denise Aigle, Isabelle Charleux, Vincent Goossaert and Roberte Hamayon.
St. Augustin: Monumenta Serica Institut 2010, 765–779
(Monumenta Serica Monographs 61.)

Berthold Laufer (1874–1934): Sammlung japanischer Alltagsgeräte für das American Museum of Natural History (mit Setsuko Kuwabara)
Münchner Beiträge zur Völkerkunde 14.2010/11, 267–282

B. Ja. Vladimircov: Ergänzungsbibliographie zu Berthold Laufer: Skizze der Mongolischen Literatur. Übersetzt und herausgegeben von H. Walravens.
Zentralasiatische Studien 39.2010, 53–71

Berthold Laufer.
Sinologie in Köln. Von Adam Schall bis in die Gegenwart. Biobibliographien.
Berlin: Staatsbibliothek 2017. 250 S.

(Staatsbibliothek zu Berlin. Neuerwerbungen der Ostasienabteilung. Sonderheft 48.)
Publikationsverzeichnis.

Beiträge anderer Autoren

Bennet Bronson: Berthold Laufer.
Fieldiana Anthropology. 36.2003, 117–126

Shaoxin Dong: A study on the so-called Dong Qichang album discovered by Berthold Laufer.
Religion & the Arts 20.2016, 92–111

John Haddad: To inculcate respect for the Chinese. Berthold Laufer, Franz Boas, and the Chinese exhibits at the American Museum of Natural History, 1899–1912.
Anthropos 101(1): 123–144

Bruce Cameron Hall: On the Narthang Kanjur and Tanjur collected by Berthold Laufer.
Journal of the American Oriental Society 107.1987, 123–124

Berthold Laufer als Ethnologe[8]

Robert H. Lowie

Berthold Laufer[9] (1874–1934) war einer der profiliertesten Orientalisten seiner Zeit, und seine Arbeiten werden bis in die Gegenwart genutzt. Allerdings wird in seinen Würdigungen der Akzent meist auf seine sinologischen Forschungen gesetzt, während man ihn (für seine frühen Jahre) mit gleichem Recht als bedeutenden Tibetologen sowie auch Mandschuristen und Mongolisten einschätzen könnte. Hier setzt der Ethnologe Robert H. Lowie (1883–1957) ein, der in einer bis dahin unveröffentlichten Skizze[10] Laufers Rolle als Kulturhistoriker betonte und an einigen Beispielen Laufers Bedeutung für die Ethnologie heraushob. Laufer und Lowie kannten sich – Laufer war ein Protégé von Franz Boas (1858–1942), Lowie Boas' Schüler – aber sie standen nicht häufig in direktem Kontakt, dafür waren ihre Arbeitsschwerpunkte zu verschieden. Da Lowies Darstellung auf die bislang wenig beachteten ethnologische Bedeutung Laufers aus seiner professionellen Sicht hinweist, schien es dem Herausgeber angebracht, die kleine Skizze auch in Deutschland besser bekanntzumachen. *Hartmut Walravens*

In den letzten Wochen hatte ich Gelegenheit, einige von Laufers Schriften zu lesen und war erneut beeindruckt von dem Wert seines Werkes für die Ethnologie, sowie von seinem enormen Wissen und seinem unübertroffenen Urteilsvermögen. Er geht von der Geschichte der Brille bis zur hellenistischen Folklore, von den Ainu-Zahlen bis zum Grillenkampf, oder von chinesischen Symbolen bis zur Domestizierung von Rentieren. Da ich manchmal jüngere Ethnologen treffe, die ihn ausschließlich als Sinologen betrachten, möchte ich einen kurzen Blick auf ihn als Ethnologen werfen.

Laufer war Ethnologe, nicht weil er am Amur ethnografische Routineforschung betrieb, sondern weil er seinen umfangreichen Wissensfundus als Mittel zum Zweck einsetzte, um die Entwicklung der Kultur zu erhellen - und ihn einem Thema nach dem anderen zuwandte. Es ist sein großes Verdienst, dass er sich eine gewisse Weitsicht bewahrt hat und in bewusster Loslösung von der Zunft der Sinologen und Orientalisten zum Kulturhistoriker par excellence unter den Erforschern der Hochkulturen geworden ist. Seine Untersuchungen mögen vordergründig auf einen winzigen Teilbereich des Gesamtthemas gerichtet sein, doch bringt er seine Daten fast immer in einen

---

8   Dieser Aufsatz wurde unter den unveröffentlichten MSS von Professor Lowie gefunden. Interne Hinweise deuten darauf hin, dass er nach 1950 geschrieben wurde.

9   [Vgl. Berthold Laufer: *Kleinere Schriften.* Bd 1–3. Wiesbaden: Steiner 1976–1985; H. Walravens: Laufer, Berthold. *Neue Deutsche Biographie* 13.1982, 710–711.]

10   [Aufgenommen in: *Lowie's selected papers in anthropology.* Ed. by Cora du Bois. Berkeley, Los Angeles: University of California Press 1960, 472–479.]

Zusammenhang mit dem Ablauf der kulturellen Phänomene im Allgemeinen. So bringt eine Monographie über Jade (1912) das Wissen über eine Steinzeit in China auf den neuesten Stand; in einer Abhandlung über chinesische Tonfiguren (1914) beleuchten wichtige Passagen die Verbreitung von Eisenarbeiten in Ostasien, während der Aufsatz über Die Anfänge des Porzellans (1917) eine Skizze über die Entstehung und Verbreitung der Töpferscheibe enthält.

Einige der weitergehenden Interpretationen Laufers stehen in engem Zusammenhang mit dem Gedankensystem Eduard Hahns, sodass ein kurzer Hinweis auf diese Ansichten unabdingbar ist. Dieser deutsche Gelehrte ist einer der anregendsten und irritierendsten Autoren auf dem Gebiet der Kulturgeschichte. Wie kein anderer hat er mit dem Irrglauben aufgeräumt, dass dem Ackerbau immer die Viehzucht vorausgegangen sei. Hahn hat auch die nützliche Unterscheidung zwischen Haukultur (Gartenbau) und Pflugkultur (Ackerbau) in Umlauf gebracht. Außerdem hat er unermüdlich die nicht-utilitaristischen Motive in früheren und gröberen Ländern hervorgehoben. Im Großen und Ganzen ist sein Beitrag zur ethnologischen Theorie beachtlich, aber zwischen den wirklich befreienden Ideen gibt es auch fantastische Spekulationen und positive Irrtümer. Hahn behauptet achtlos, dass fast alle primitiven Völker den Boden mit Hacken bearbeiten; er ist fähig zu leugnen, dass die Maori in Neuseeland Hunde hatten – vermutlich verwechselt er sie mit den Tasmaniern. Nachdem er einmal entschieden hatte, dass das Dromedar keine eigene Art, sondern lediglich eine Form des domestizierten Kamels ist, ignoriert er völlig Beweise für das Gegenteil. Was noch wichtiger ist, er geht nirgends auf die von Hatt, Schmidt und Koppers vorgebrachten Einwände gegen eine seiner Lieblingsideen ein – die Unmöglichkeit der Domestizierung von Nutztieren durch Menschen in der Jagdphase. Die genannten Gelehrten sind der Meinung, dass Wildtiere, die von nicht-landwirtschaftlichen Stämmen in Gemeinschaftsjagden in der Halbgefangenschaft eines großen Geheges sich vermehren könnten; und ob das Argument überzeugend ist oder nicht, ist es auf jeden Fall diskussionswürdig, denn mit seiner Stichhaltigkeit ist die Frage nach den Anfängen der Viehzucht verknüpft.

Kurz gesagt, Hahn ist ein anregender, aber schlampiger und rechthaberischer Autor, der nicht als letzte Autorität angesehen werden kann, und während Laufer sicherlich kein unkritischer Schüler ist, zeigt er ihm gegenüber jene seltsame selektive Affinität, die manchmal die gegensätzlichsten Temperamente vereint. Insbesondere Hahns Theorie der geschlechtlichen Arbeitsteilung hat ihn in die Irre geführt – so wie sie auch mich in die Irre geführt hat. Denn Hahns oft wiederholte Behauptung, dass in roheren Kulturen Frauen das Land hacken, ist eine ungeheuerliche Falschaussage. Sie trifft in buchstäblich Dutzenden von Fällen nicht zu – in Amerika, in Polynesien und in Afrika. Hahns Korrelation muss daher zurückgewiesen werden, aber sie beinhaltet in ihrem Fall eine ziemlich wichtige Folgerung, die von

Laufer gezogen wurde. Wenn, so argumentierte er, der Pflug von Männern benutzt wird, während Frauen ausnahmslos die Hacke führen, kann die Landwirtschaft nicht genetisch mit dem Gartenbau verbunden sein, und der Pflug kann nicht von der Hacke abgeleitet sein.[11] Da aber die Prämissen nicht stichhaltig sind, scheidet die Schlussfolgerung aus. Der Ursprung des Pfluges ist zwangsläufig ein technologisches Problem, aber es ist sicher, dass er nicht spontan aus dem Nichts entstanden ist. Wenn Hahn jedoch für Laufers Schlussfolgerungen in diesem Punkt verantwortlich ist, kann ihm auch das Verdienst zugeschrieben werden, eine von Laufers glücklichsten Verallgemeinerungen inspiriert zu haben – die Korrelation der Töpferscheibe mit dem männlichen Geschlecht und der handgemachten Töpferwaren mit Frauen. Es ist auch wahrscheinlich, dass Laufers gesunde Abneigung gegen rationalistisches Psychologisieren durch Hahns Beispiel zumindest noch verstärkt wurde.

Laufer ist jedoch nicht im Geringsten abgeneigt, zu verallgemeinern. Nichts ist bewundernswerter als die Entschlossenheit, mit der er die geografische Verteilung einzelner Merkmale und ihre Kombination zu Komplexen aufzeigt. Er zeigt uns, dass Alliteration, Assonanz, epische Poesie und Milchwirtschaft bei mongolischen, türkischen und finno-ugrischen Völkern gemeinsam vorkommen; dass Hanf in chinesischen Textilien die Rolle übernimmt, die der Flachs im Mittelmeerraum spielt; dass die fernöstliche Viehzucht ohne die Milchwirtschaft auskommt, die im Leben der Hirtennomaden und der höheren Zivilisationen eine so große Rolle spielt; dass die Töpferscheibe die Zivilisation der Alten Welt charakterisiert, im Gegensatz zu den roheren Techniken der östlichen Hemisphäre und zu allen Kulturen der westlichen Welt. Aus solchen Festlegungen ergeben sich zum Teil klar abgegrenzte Kulturkreise: Die Nordchinesen z.B. pflanzen Weizen, Gerste und Hirse an, spannen den Ochsen vor den Pflug und reisen auf Reittieren oder in Radkarren über die Landstraßen; die Südchinesen bauen mit Hilfe des Wasserbüffels Reis an und transportieren Waren und Personen mit Booten oder in Sänften.[12]

Wie nicht anders zu erwarten, ist Laufer in einem strengeren Sinne historisch als die meisten Anthropologen. Diese Tendenz wird in den beiden klassischen Monographien über „Die Anfänge des Porzellans in China" und „Das Rentier und seine Domestizierung" gut illustriert.[13] Beginnen wir mit der

---

11 Eduard Hahn: *Die Entstehung der Pflugkultur*. Heidelberg 1911, S. 9; Artikel über Ackerbau, Hund, Haustier, Kamel in Max Ebert's *Reallexikon der Vorgeschichte* (Berlin 1924–1932).

12 Berthold Laufer: Skizze der mongolischen Literatur. *La Revue Orientale* 1907, 241; ders.: *The beginnings of porcelain in China*. Chicago: Field Museum 1917 (Field Museum Anthropological Series 15), 150; ders.: The fundamental ideas of Chinese culture. *Journal of Race Development* 191), 160–174.

13 Die Schlußfolgerungen des letzteren Beitrages sind von Hatt, Koppers und Bogoras angefochten worden, da sie den besprochenen kulturellen Phänomenen ein unpassendes Alter zuschreiben. Aber abgesehen von der Tatsache, daß diese Einwände nur teilweise berechtigt sind, sind wir hier weniger mit der Richtigkeit der Interpretation

erstgenannten Arbeit: Was ist Porzellan? Es handelt sich um eine glasierte Keramik, deren Scherben aus zwei zusammen gebrannten Zutaten bestehen, Kaolin [高嶺] und Petuntse [白墩子]. Aus Kaolin allein lässt sich kein Porzellan herstellen, da die Gefäße „porös, zerbrechlich und undurchsichtig sind. Petuntse allein erweicht im Ofen und läuft zu einem Klumpen zusammen". Eine kulturgeschichtliche Untersuchung muss daher mit dem gemeinsamen Vorkommen dieser beiden Elemente auf chinesischem Boden beginnen. Laufer verweist auf die archäologischen Belege für neolithische handgemachte Töpferwaren und zeigt, dass diese bereits in der frühesten Zeit der schriftlichen Aufzeichnungen durch Töpferwaren von der Scheibe abgelöst wurden. Diese spätere Form der Industrie war nachweislich genetisch mit der frühen Zivilisation Westasiens verwandt, d.h. „die alte chinesische Drehscheibe entstammt derselben Quelle wie die im Westen gefundene. Beide sind identisch, was die mechanische Konstruktion, selbst in kleinen Punkten, und die Wirkung betrifft." Glas und Glasieren waren zwar in Ägypten seit Jahrtausenden bekannt, kamen aber in China erst viel später auf.

Die Chinesen begannen erst in der Han-Dynastie (206 v. Chr.–220 n. Chr.) mit dem Glasieren von Töpferwaren und entwickelten diese Praxis insbesondere während der Herrschaft von Wu (140–87 v. Chr.). Chemische Analysen zeigen, dass die Chinesen gegen Ende der Dynastie in der Lage waren, eine Ware herzustellen, die die chemische Zusammensetzung von echtem Porzellan hatte, aber noch nicht dessen charakteristische physikalische Eigenschaften. Durch kontinuierliche Experimente, die sich über mehrere Jahrhunderte erstreckten, wurden die Mängel überwunden, und im siebten Jahrhundert n. Chr. gipfelten diese Bemühungen in der Herstellung von echtem weißen Porzellan.

Der gleiche Wunsch nach einer klaren Definition der kulturellen Ursprünge zeigt sich bei der Diskussion über das Rentier, ein Tier, das in den bewaldeten Regionen des Urals und des Baikalsees ebenso wild vorkommt wie in der nördlichen eurasischen Tundra; und es wurde von den amerikanischen Ureinwohnern nie domestiziert, obwohl sie das wilde Tier ständig jagten. Diese beiden Tatsachen über die Verbreitung dienen als allgemeine Orientierung. Wenn die Domestizierung der Art auf die Alte Welt beschränkt ist, so ist sie angesichts des bekannten kulturellen Austauschs zwischen dem arktischen Amerika und Sibirien vermutlich nicht sehr alt. Und wenn die Rentiere rund um den Baikalsee leben, wo eine Vielzahl anderer domestizierter Arten vorkommt, könnte die Idee der Domestizierung erst relativ spät auf die Rentiere ausgedehnt worden sein. So ist das Reiten auf dem Rücken der Rentiere, das von den Sojoten und Tungusen praktiziert wird, eine Nachahmung des bereits bekannten Reitens auf Pferden; das sporadische Melken der Rentiere ist die Übertragung einer Technik, die bei Kühen, Stuten und

als mit den Zielen und Prinzipien historischer Forschung befaßt, wie sie Laufer durchgeführt hat.

Schafen entwickelt wurde; der Rentierschlitten basiert auf dem Hundeschlitten. Wir haben es also im Wesentlichen mit einem abgeleiteten Kulturmerkmal zu tun. Damit wäre die Domestizierung des Rentiers natürlich später anzusetzen als die von Rindern, Pferden und Hunden. In den chinesischen Annalen von 499 n. Chr. wird ein Volk beschrieben, das mit den modernen Sojoten um den Baikalsee identifiziert werden kann und Pferde, Rinder und Rentiere hielt. Da die Rentiere jedoch in Anlehnung an diese anderen Tierarten genutzt wurden, erfüllen die Sojoten alle Bedingungen, die an einen mutmaßlichen Stamm der ersten Rentierdomestikation gestellt werden müssen. Daher verweist Laufer den ursprünglichen Prozess auf diese Region und datiert die Anfänge auf den Beginn unserer Zeitrechnung, wenn man fünf Jahrhunderte für seine Vollendung annimmt.

Der Rückgriff auf die tatsächliche Geschichte fördert jene besondere Geisteshaltung, die als „Geschichtsbewusstsein" bekannt ist. Die aufgezeichnete Abfolge der Ereignisse steht oft in krassem Widerspruch zu dem, was a priori möglich erscheint. Sie verhöhnt nicht nur die unilineare Evolution, sondern auch den simplistischen Diffusionismus. Laufer ist von diesen Grundsätzen durchdrungen, und in seinen Schriften wimmelt es von Anschauungsmaterial. Lassen Sie uns einige Beispiele herausgreifen.

Der chinesische Weinbau ist zugegebenermaßen sehr alt, und es gibt eine Rebsorte, die in China heimisch ist; was liegt da näher, als einen einheimischen Ursprung des chinesischen Weinbaus anzunehmen? Die chinesischen Aufzeichnungen zeigen jedoch, dass die einheimische Art nie angebaut wurde und dass das erste Wissen über die kultivierte Rebe das Reich der Mitte durch die Reisen des Generals Zhang Qian nach Fergana und Baktrien (126 v. Chr.) erreichte. Während die Chinesen zu dieser Zeit die Traube von einem iranischen Volk erhielten, erwarben sie die Kunst der Weinherstellung erst 640 n. Chr. von einem türkischen Stamm in Turkestan.[14]

Wenn wir wiederum erfahren, dass sowohl die Chinesen als auch die Nomaden des Nordens schmale, langschäftige Reitstiefel trugen, können wir dann daran zweifeln, dass diese Erfindung der höheren Zivilisation zu verdanken ist und dann an das rohere Volk weitergegeben wurde? Aber wieder einmal geben die chinesischen Chroniken eine klare Antwort, die der erwarteten widerspricht: Als militärischer Gegenschlag gegen das Eindringen der feindlichen Nordvölker übernahmen die Chinesen unter Wuling (325–299 v. Chr.) die Taktik der berittenen Infanterie von ihren Feinden und borgten sich gleichzeitig deren Reitkleidung. Um unseren Autor zu zitieren: „... selbst eine höher zivilisierte Nation kann von Völkern, die als Barbaren angesehen werden, Lektionen in Bezug auf ihre Kleidung annehmen."[15]

---

14   Laufer: *Sino-Iranica*. Chicago: Field Museum 1919 (Field Museum Anthropological Series 15,3), 221, 223.
15   Ders.: Moccasins. *American Anthropologist* 19.1917, 298.

Und noch einmal: Keine Tatsache ist so eindeutig belegt wie der weitreichende Einfluss der Chinesen auf die alte japanische Zivilisation. Dementsprechend wäre die Schlussfolgerung naheliegend, dass die Sarkophage der letzteren aus der üblichen Quelle stammen, aber einmal mehr führt die tatsächliche Geschichte zum Gegenteil der a priori wahrscheinlichen Annahme.[16]

Kein Wunder, dass sich Laufer nicht nur gegen den oberflächlichen Evolutionismus der „klassischen" Zeit wendet, sondern auch gegen einen ebenso schematischen Diffusionismus. Niemand ist mehr von der Einzigartigkeit des kulturellen Geschehens beeindruckt, und nirgendwo findet der Leser aufschlussreichere Beispiele für jene falsche Konvergenz die für die Theoretiker beider Schulen irreführend war. Wenn Sarkophage in Ägypten, China und Japan auftauchen, fragt Laufer weder, in welchen einheitlichen Stadien sich „der Sarkophag" entwickelt hat, noch von welchem Zentrum aus er verbreitet wurde. Er weist darauf hin, dass sich hinter dem Schlagwort eine Vielzahl unterschiedlicher Vorstellungen verbergen, deren einzige Gemeinsamkeit in der Existenz eines steinernen Behältnisses für die Bestattung liegt. In ähnlicher Weise versucht er, die unterschiedlichen Wege aufzuzeigen, die in verschiedenen Gebieten zu vergleichbaren Ergebnissen führten. In China entwickelte sich die Malerei in enger Verbindung mit der Kalligraphie, während im alten Indien keine Anzeichen für eine solche Beziehung zu finden sind, sondern eher ein Einfluss des linearen Handwerks, das durch physiognomische Überlieferungen inspiriert wurde.[17]

Aber die Endgültigkeit der historischen Forschung im strengen Sinne des Wortes bringt eine wichtige Implikation mit sich. Wahrscheinlich war Laufer nie auf abstrakte Formulierungen als solche aus, aber er hat eine Flut von Licht auf jene Prozesse des kulturellen Wachstums und Verfalls geworfen, die andere offenkundig in den Vordergrund der Diskussion stellen, oft ohne über sterile Wortklauberei hinauszugehen. Um auf die beiden oben zusammengefassten Monographien zurückzukommen: Beide beleuchten die *psychologischen* Kardinalprobleme von Entlehnung und Erfindung. Auch wenn die Rentierzucht ursprünglich eine Anwendung von Verfahren war, die im Zusammenhang mit Hund, Pferd und Ochse entwickelt wurden, so stellt die Tatsache, dass diese Verfahren auf eine neue Art ausgedehnt wurden, diesen Fall in eine ganz andere Kategorie als den bloßen Erwerb von bereits domestizierten Rentieren eines anderen Stammes durch Kauf oder Diebstahl. Denn im ersteren Fall gibt es die schöpferische Erweiterung einer fruchtbaren Idee, das Fortschreiten vom Bekannten zum Unbekannten, das das Merkmal einer echten Erfindung ist. Ähnlich verhält es sich beim Porzellan, nur dass hier die hypothetischen Elemente gegen Null gehen. Die Glasur wird aus dem Westen übermittelt, aber das Phänomen ist nicht das einer passiven Akzeptanz. Die Empfänger werden

---

16   Ders.: Chinese sarcophagi. *Ostasiatische Zeitschrift* 1.1912, 318–334).
17   Ders.: *Documente der indischen Kunst*. Leipzig 1912, S. 31, 192.

zu originellen technischen Experimenten angeregt, und dies führt zur Schaffung eines Produkts, das so neuartig ist wie kein anderes in der Geschichte der Erfindungen. Was Männer wie Boas und Rivers abstrakt erörtert haben – der Impuls zu neuen Errungenschaften, die sich aus entlehnten kulturellen Elementen ableiten – wird durch Laufers historische Analyse brillant veranschaulicht. Laufers Schriften, die streng historisch angelegt sind und nur beiläufige Hinweise auf Theorie und Methodik enthalten, sind eine wahre Fundgrube für den Studenten, der sich für die Dynamik der Kultur interessiert. Kein anderer Autor zeigt so deutlich, wie fiktiv der Gegensatz von Geschichte und Psychologie ist. Wenn wir die wirklichen Motive und Beweggründe kultureller Ereignisse erfahren wollen, können wir nichts Besseres tun, als herauszufinden, was die Ereignisse wirklich sind und wie sie tatsächlich aufeinander folgten.

Bildnachweis

S. 9. Wolle schlagen in Kirgistan (Foto privat)

S. 11. Behandlung des Wollvlieses mit warmer Seifenlauge
https://ifpnews.com/in-iran-felt-making-has-roots-in-history/

S. 12. Das letzte Stadium des Filzens: Walken. (Foto Privat)

S. 17. Tibetischer Filzhut. Lhasa, um 1905 (British Museum As1905, 0518.35

S. 18. William Woodville Rockhill 1902
https://archive.org/stream/worldswork03gard#page/1576/mode/2up

S. 21. Filzhut. Mann aus Badakśan (*Huang Qing zhigong tu* 皇清職貢圖, Ms. Album, Bibliothèque nationale de France)

S. 21. Filzhut, Kasache. (*Huang Qing zhigong tu*, Ms. Album, BnF)

S. 22. Filzhut. Kirgise. (*Huang Qing zhigong tu*, Ms. Album, BnF)

S. 22. Aufbau einer kirgisischen Jurte (aus dem sog. Turkestan-Album).
https://www.pinterest.de/pin/404198135321422212/

S. 23. Moderne Filzkleidungsstücke (nach alten Vorlagen) aus dem Iran.
https://ifpnews.com/in-iran-felt-making-has-roots-in-history/

S. 24. Marc Aurel Stein 1909.
https://wellcomeimages.org/indexplus/image/V0027218.html

S. 26. Filz-Sattel aus Pazyryk (4.–3. Jh. v. Chr.?)
https://www.pinterest.de/8233211823282092/

S. 27. Filzteppich aus Pazyryk (4.–3. Jh. v. Chr.) *www.evpatori.ru/zverinyj-stil-v-gornom-altai.html*

S. 30. Mongolisches Obergewand (Deel) aus einem Felsengrab von Duguj Cachir, etwa 11. Jh. Aus: *Steppenkrieger. Reiternomaden des 7.–14. Jh. aus der Mongolei*. Darmstadt: Primus in WBG 2012.

S. 32. Mongolischer Filzfuchs – Kinderspielzeug und Talisman (modern).
https://www.pinterest.de/pin/135811744996819683/

Weitere Bücher desselben Herausgebers im Verlag BoD

Johann Redowskys Reise von Irkutsk nach Kamtschatka (1806–1807) im Auftrag der Akademie der Wissenschaften. Das wissenschaftliche Tagebuch des Forschers – Botanik – Geologie – Ethnographie der Jakuten und Tungusen.
Norderstedt: BoD 2019. 163 S. ISBN 9783748188971

George Robert Loehr jr. (1892–1974) und die Forschung über die Pekinger Jesuitenkünstler. Quellen und Materialien in deutscher Sprache. In Verbindung mit Marion Steinicke herausgegeben.
Norderstedt: BoD 2019. 489 S.   ISBN 9783749410705

Walther Heissig: *Aus dem Nachlaß II:*
Briefwechsel mit György Kara, Herbert Franke, György Hazai und Alice Sárközi sowie aus den Anfängen der Altaistenkonferenz (PIAC). – Katalog mongolischer Blockdrucke in London.
Norderstedt: BoD 2019. 217 S.   ISBN 9783739218830

Zur klassischen poetischen Literatur Chinas. Leitfaden zu den Übersetzungen und Rezensionen von Erwin von Zach (1872–1942).
Norderstedt: BoD 2019. 324 S. ISBN 9783741210174

Neue Rückschau auf ein arbeitsreiches Leben. Hartmut Walravens zum 75sten: Thematisches annotiertes Schriftenverzeichnis. Mit Einleitung und Registern.
Bibliographie – Bibliotheken – Zeitungen – Erotica – Normung – China – Japan – Altaistik – Mandschurei – Mongolei – Tibet – Rußland.
Norderstedt: BoD 2019. 236 S. ISBN 9783748108610

Verzeichnis der Veröffentlichungen von Professor Dr. Martin Gimm. Norderstedt: BoD 2020. 48 S. 4° ISBN 978-3-7431-6665-3

Franz Blei (1871–1942), Carl Georg von Maassen (1880–1940) und Hans von Müller (1875–1944) im Briefwechsel. Auch ein Mosaiksteinchen zur E. T. A. Hoffmann-Forschung.
Norderstedt: BoD 2020. 168 S. ISBN 978-3-7504-9525-8

Jean Pierre Abel Rémusat (1788–1832). Zu Leben und Werk eines Wegbereiters der Ostasienwissenschaften. Norderstedt: BoD 2020. 153 S. ISBN 978-3-7519-3088-8

Julius Klaproths (1783–1835) Briefe an den Orientalisten und Erfinder Paul Ludwig Schilling von Canstadt (1786–1837). Samt Schreiben an den Sinologus Berolinensis sowie Ergänzungen zum Schriftenverzeichnis Klaproths.
Norderstedt: BoD 2020. 100 S. 4° ISBN 978-3-7519-8420-1

(mit Albert König:) *Roter und gelber Papagei (Ara macao und Psittacula krameri, gelbe Mutation) am Kaiserhof in Peking.* Norderstedt: BoD 2020. 44 S. 4° ISBN 978-3-7526-2644-5

[Hrsg.] *Der Traum meines ganzen Lebens: Die epochale Amerika-Reise Alexander von Humboldts.* Norderstedt: BoD 2021. 274 S. ISBN 978-3-7526-8932-7

Stanislas Julien (1797–1873): Wissenschaftliche Korrespondenz über China mit Schilling von Canstadt, Klaproth, Endlicher, Gabelentz, und A. von Humboldt. Norderstedt: BoD 2021. 110 S. ISBN 978-3-7526-4182-0

Charles Carrington (1867–1921). Bibliographie eines Pariser Verlags. Bearbeitet von Howard Guacamole. Revidierte Ausgabe. Norderstedt: BoD 2021. 485 S. 4° ISBN 9783754305638

Die Potsdamer Porträtmalerin Anna Bernhardi (1868–1944), eine frühe Sinologin. Tagebuch-Fragmente von ihrem Aufenthalt in Tianjin und ihrer Tätigkeit als Mädchen-schullehrerin 1905–1912. Norderstedt: BoD 2021. 187 S. ISBN 978-3-7557-3632-5

Gelehrtenbriefe an den Mongolisten Bernhard Jülg (1825–1886). Norderstedt: BoD 2022. 90 S. ISBN 978-3-7562-3916-0

Wilhelm Alexander Unkrig (1883–1956): *Kleine Arbeiten zur Mongolistik und Tibetologie.* Bearbeitet und herausgegeben von H. Walravens. – *W. A. Unkrigs Korrespondenz mit Johannes Schubert (1896–1976).* Herausgegeben von Manfred Taube † Norderstedt: BoD 2022. 198 S. 4° ISBN 978-3-7557-9708-1

Gelehrtenbriefe an J. P. A. Rémusat und J. Klaproth. Aus der Geschichte der Orientalistik am Anfang des 19. Jh. Herausgegeben und übersetzt. Norderstedt: BoD 2022. 154 S. ISBN 978-3-7568-0114-5

(mit Nikolaj Serikoff) *Franz von Erdmann (1793–1862) als Orientalist in Kazan. Im Spiegel seiner Briefe an Christian Martin Frähn, 1818–1820.* Norderstedt: BoD 2022. 90 S. ISBN 978-3-7568-1407-7

Autobiographische Skizzen / Rainer Schwarz (1940–2020). Herausgegeben von H. Walravens. Norderstedt: BoD 2022. 96 S. ISBN 978-3-7568-2743-5

Books on Demand (BoD)
In de Tarpen 42, 22848 Hamburg
Tel.: +49 (0)40 53 43 35 11
EMail: info@bod.de